思考停止した組織を、もう一度
「考えて」「動ける」組織に変える

日本全国、全部署回覧！

うちの職場がムリすぎる。

沢渡あまね㊟

すばる舎

はじめに
「思考停止ジャパン」からの決別

広がる思考力格差、アップデート力格差

「思考停止社会からの決別」

2022年の著書、『新時代を生き抜く越境思考〜組織、肩書、場所、時間から自由になって成長する』（技術評論社）のあとがきで、私が強調したフレーズです。

日本の組織と働く人たちが、思考停止ひいては行動停止に陥っている。私がこれまで勤務した組織も含め、およそ400以上の日本の企業・自治体・官公庁などの職場を見て痛感しているリアルです。

- 思考できる組織と、思考できない組織の格差
- 思考できる人と、思考できない人の格差

組織レベル、個人レベル、いずれにおいてもこの格差は広がる一方で、**思考力格差の二極化**が進行しつつあると私は確信しています。

本書執筆時点で世の中を見回しても、思考停止している組織と、思考してアップデート（今までの仕事のやり方や慣習を変える）できる組織との間で次のような二極化が起こっています。

テレワークで成果を出せるにもかかわらず全員に出社や対面のコミュニケーションを強制し、働く人たちのワークエンゲージメント（仕事に対する意欲、組織に対する愛着や帰属意識など）を下げている組織

VS

テレワークやハイブリッドワーク（出社勤務とテレワークの組み合わせ）で優秀な人材を獲得し業績を上げている組織

気合・根性型の仕事のやり方を続け、長時間労働かつ低収益の体質で人材不足に苦しんでいる組織

VS

ＩＴの活用と抜本的な業務改善で間接業務を一掃。週休３日で高利益体質を実現している組織

「地方都市だから」「中小企業だから」と言い訳してオペレーションもビジネスモデルも変えようとせず、地域の大企業の下請けに甘んじて買い叩かれ続ける企業

VS

ITを軸にした新しいビジネスモデルに転換し、有能な副業人材を活用しながら新たな自社ブランドのサービスを生み出している企業

この思考力格差によるアップデート力格差は、企業間、業界間、地域間の働き方格差を生み、採用力格差や人材維持力格差を生み、ブランド力格差を生み、ひいては事業継続性格差やビジネスモデル格差をも生んでいるのです。

よほど安泰で盤石《ばんじゃく》な企業組織や地域でない限り～もっとも、今の時代にそのような安定・安心が約束されている組織や地域がどれだけあるかですが～思考停止は停滞からの衰退の道を進むことになるでしょう。

今、日本の多くの、安泰とされていた組織と働く人たちが思考停止ひいては行動停止に陥っています。

これは文化的な負債といっても過言ではないでしょう。

この状況を脱しないことには、昨今盛んに叫ばれているDXやイノベーションはおろか、「生産性の高い働き方」も、「人間らしい生き方」もいつまでたっても実現できない。できるはずがありません。

もはや「ムリすぎる」日本の職場

ところで、なぜ、思考停止している組織と、そうでない組織の格差が広がってしまうのでしょうか？　それ以前に、そもそもなぜ思考停止している組織が温存され続けているのでしょうか？

その原因の一つは、**統制管理型、人海戦術型ともいえる固定的な社会構造**です。

日本は過去60年以上にわたり、製造業を筆頭に大量生産、大量消費型のビジネスモデルで目覚ましい経済成長を遂げてきました。いわば、そのやり方が「勝ちパターン」だったわけです。

トップが決めた商品開発計画や生産計画や販売計画の下、皆が同じタイムライン（時間の流れ）で、同じ場所で、同じ行動をとる／とらせる。他人と異なる行動や逸脱は許されない、あるいはあくまで例外として扱われる。

組織の制度もカルチャーも社会制度までもが、固定的な働き方や同質性の高い人たちが同じ行動をする働き方など、人材が流動しない前提で最適化されすぎているのです。

ところが今、その前提が崩れつつあります。それを日本全国に知らしめたのがCOVID-19です。

世界中で猛威を振るったCOVID-19。その蔓延《まんえん》により、私たちは従来の行動の仕方、仕事のやり方、生き方の変更を余儀なくされました。新しいライフスタイルやワークスタイルを経験した結果、**一部の人たちは今までのやり方の不自由さ理不尽さに気づいてしまった。**

加えて、私たちはＶＵＣＡ《ブーカ》（※1）と呼ばれる時代に突入しつつあります。

私たちは気候変動や少子高齢化などの環境要因の変化、ロシアのウクライナ侵攻、急激な円安・ドル高のような為替変動など、複雑化する多様な課題に向き合いながら、ＩＴな

（注1）ＶＵＣＡ＝Volatility（変動性）、Uncertainty（不確実性）、Complexity（複雑性）、Ambiguity（曖昧性）の頭文字をとったもの。

ど日進月歩のテクノロジーを駆使して進化し続けなければ生き抜くことができなくなるでしょう。

そのような時代背景の中で、**それでもなお「過去の勝ちパターン」を正当化し留《とど》まろうとする人たちと、新たな「勝ちパターン」にシフトする人たちの二極化が起こっている。**その軋轢《あつれき》が「モヤモヤ」として顕在化している。その過渡期が今なのだと私は認識しています。

従来の統制管理型のモデルではこれからの世界で太刀打ちできない。現に日本企業が国際競争力を落とし続けている事実、世界の先進国と比較して生産性も賃金レベルも働き甲斐も低迷し続けている事実は、さまざまな調査結果からも明らかでしょう。**過去のモデルは賞味期限切れ。もはやムリすぎるのです。**私たちはそのリアルに正しく向き合い、正しく思考し、正しくアップデートする必要があります。目を背けてはいけません。いわば「逃げちゃダメだ、逃げちゃダメだ」です。

こうして思考停止が正当化される

こんな図を描いてみました。縦軸に、「言われたことしかやらない人、言われないこと

組織の「思考停止度合い」マトリクス

		視野	
		目先の仕事しかしない人	中長期的な仕事をする人
主体性	言われたことしかやらない人	1 思考停止人材	2 受動型・変革人材
	言われないことをやる人	3 改善・改良人材	4 主体型・変革人材

をやる人」を、横軸に「目先の仕事しかしない人、中長期的な仕事をする人」を置いた4象限の図です。

それぞれ、第1象限、第2象限、第3象限、第4象限とし、**「思考停止人材」「受動型・変革人材」「改善・改良人材」「主体型・変革人材」**と名づけてみました。

周りを見回してみてください。あなたが所属する組織や地域にはどの象限の人が多いでしょうか?

思考停止しがちな組織は、この図でいうところの第1象限です。

すなわち**言われたことしかやらない、かつ目先の仕事しかしない人が優勢な組織**であると考えられます。

指示された目先の仕事をこなすのに必

死。従来の仕事のやり方や仕組み、慣習やルールを疑おうとしないか、それを変えるのは自分の仕事ではないと考える。

自ら仕組みや仕掛けやルールを疑ったり、問題や課題を言語化したりする感覚や思考習慣がない。

業務改善や創意工夫、新たなビジネスモデルの創出、または学習や育成（いずれも、すぐに成果は出ないが中長期的な成果を生む取り組み）に時間もお金も投資しようとしない。

思いある「奇特な勇者」が中長期的な取り組みを始めようものなら、

「そんなことして何になるの？」
「余裕があっていいね。目先の仕事で忙しいのに……」

と、冷たい視線を浴びせるか、激しく抵抗する。

いつまでたっても、業務改善、新規ビジネスモデル検討、学習や育成などの中長期的に意義のある取り組みが一部の「奇特な勇者」のボランティア活動にしかならない。

やがて、「奇特な勇者」も心が折れてその職場を辞めてしまうか、もの言わぬおとなしい人になってしまう。

私自身、第1象限の人たちが優位な職場において、そのような切ない景色を幾度となく見てきました。トップが「イノベーションだ！」「DXだ！」「ビジネスモデル変革だ！」と騒いだところで、現場がこれではどうしようもありません。

今こそ、失われた思考習慣を取り戻す

DXもイノベーションも、いまや企業組織の命題であり社会的責任といっても過言ではありません。これらを成し遂げるには、**トップの強力な牽引と中長期を見据えた投資も重要ですが、社員をはじめとするメンバーの主体的かつ自律的な思考と行動が必要不可欠。**

そして、メンバーの主体性や自律性を高めるには、採用や評価を含む人事制度の刷新や、管理職を含むメンバーの**リスキリング**（※2）や**アンラーニング**（※3）も急務です。

なおかつ、目先の利益だけに貪欲な株主や投資家のマインドシフト、モンスター株主やわがまま投資家を遠ざけるための**IR**（※4）も重要でしょう。なぜなら、目先の成果しか

（注2）リスキリング＝技術革新やビジネスモデルの変化に対応するために、新しい知識やスキルを学ぶこと。
（注3）アンラーニング＝既存の仕事の信念やルーチンをいったん棄却し、新しいスタイルを取り入れること。
（注4）IR＝Investor Relations の頭文字をとった言葉。企業が株主や投資家向けに業績、財務状況、経営戦略、今後の事業の見通しなどを広報する活動。

評価しないマネジメントや組織カルチャーを強めている背景の一つには、近視眼的な株主や投資家による圧力が少なからず働いているからです。

第1象限を脱し、第4象限の組織に生まれ変わるには、経営層はもちろん、中間管理職、現場のメンバー、事業部門、人事部門、広報部門、経理部門、情報システム部門、もちろん行政や官公庁などあらゆる登場人物が変化しなければならないのです。各論は、この後に続く各章で展開します。

そろそろ抵抗勢力の人たちに正しく「NO」を突きつけ、正しく活躍できる社会にしませんか？　そのようなカルチャーを創っていきませんか？

いきなり大きな変革を興すことは難しいかもしれない。しかし小さな世論を興すことはできます。小さな行動が、その行動のファンつまり共感者を生み、それがやがて大きなうねりとなり組織内世論が形成され、カルチャーが変わってきた。そのような組織を私はいくつも見てきています。

思考しましょう、行動しましょう、声をあげましょう。

思考力を、いいえ、失われた思考習慣を取り戻す。それは未来を生きる組織の経営戦略であり、私たち一人ひとりの自分経営戦略でもあります。

持続可能、今風に言えばサステイナブルな組織と自分自身を創るためにも、半径5m以内から思考しはじめましょう。思考停止を脱するための、勇気ある行動をしましょう。明るい日と書く、明日を迎えるために。

誰もが最初から思考停止していたわけではない

ところで思考停止している組織だからといって、その組織の人たちの思考能力が低いと決めつけるのはいささか早計です。

「当社の社員は主体性がなく思考能力も低い。だから思考能力を高めるトレーニングをしよう！」

そう意気込んだ経営トップや人事部門が、社員向けに研修を実施することがありますが、**実際に社員と向き合ってみると思考能力が高い**とわかることは珍しくありません。

ではなぜ皆思考停止してしまっているかというと、環境がそうさせてしまったからです。

・本来は思考能力も行動能力も高い人だったのに、いつの間にか環境に染まって思考できない人になってしまった
・本来の「地頭」は良いのに、発揮する機会がなく今に至る
・上からの押しつけや周りからの同調圧力により、あえて物言わないおとなしい人になってしまった

一言で表現するなら「**無力感**」。

「この組織では、主体的に思考して行動しても潰されるだけだ」
「自分の考えを述べると否定される」
「改善提案しても、余計なことをするなと煙たがられたり、ハシゴをはずされたりする」

「この人たちには何を言っても無駄だ」

この無力感が、本来思考できる人を思考しない人に変えていってしまうのです。

思考停止していると思われる組織を見ていると、こうしていつの間にか考えることをやめてしまった、あるいは自らの意志で思考も行動もしない選択肢を選んでしまった「潜在的に思考能力が高い人」が、どの組織にも確実に存在します。

こうした人たちは、**環境さえ変えれば、機会さえ提供されれば、権限さえ与えられれば、あるいはほんの少しの武器（スキルなど）さえ渡せば「化ける」可能性を秘めている**のです。

それでも「日本をあきらめたくない」すべての人へ

にもかかわらず、**思考できる人や変革の意志ある人を無力感により無力化してしまう。**

思考停止組織の恐ろしさはそこです。

とりわけ厄介なのは、組織のいわゆる**「粘土層」**と呼ばれる人たちです。

過去の勝ちパターンやコンフォートゾーン（いわゆる自分たちにだけ心地良いぬるま湯）を維持したい人たち。過去の勝ちパターンの延長線上に明るい未来があると信じて疑わない人たち。既得権益にしがみつきたい人たち。

そのような変化と進化への抵抗勢力である粘土層の人たちの、マイナス方向への強力な力が、組織の思考力を奪っていくのです。

・優秀な人ほどその企業や業界を辞めていく
・優秀な研究者や技術者が国外に流出する
・優秀な若手や女性が地方都市から出ていく
・熱意のある人が、その業界、企業、地域などから遠ざかる

いわば思考停止しているマジョリティ（多数の人たち）に、思考できるマイノリティがスポイル（ダメに）されていく。

私はこの構造に大いに危機感を覚えています。この過去ベクトルの引力による負のスパ

イラルをそろそろ止めなければ、本当に日本はダメになる。
既に匙《さじ》を投げて（または傷ついて）、国外に流出してしまった有識者や優秀なビジネスパーソンは私の身の周りにもいます。しかし、**私は日本をあきらめたくない。もう少し頑張りたい**。そんな切なる思いから、今回筆をとりました。

ここまで綴った事象は、組織を思考停止に陥らせているほんの一側面にすぎません。

こんな「思考停止ジャパン」の背景には何があるのか？
私たちはどこからどう、思考停止、行動停止から脱していけばよいのか？

第1章「組織カルチャー」、第2章「能力」、第3章「評価・人事制度」、第4章「コミュニケーション」、第5章「管理・間接業務」、第6章「社会構造・通念」の6つの側面から日本の組織を思考停止状態にしている要因を紐解《ひもと》きつつ、「脱・思考停止社会」のための解決策を本書で提言します。

沢渡《さわたり》あまね

『日本全国、全部署回覧！　うちの職場がムリすぎる。』目次

第1章

古い「組織カルチャー」をどうする？

↓「で、どこから変える!?」

ムリすぎる。**旧態依然の組織カルチャー**

第2章 失われた「思考能力」をどうする？

「で、どこから変える!?」

ムリすぎる。思考しない・させない環境と習慣

第3章 窮屈な「評価・人事制度」をどうする？

↓「で、どこから変える!?」
ムリすぎる。**スタックした評価や人事制度**

第4章 形だけの「コミュニケーション」をどうする？

「で、どこから変える!?」

ムリすぎる。**過去に最適化されたコミュニケーションスタイル**

第5章 めんどくさい「管理・間接業務」をどうする？

↓「で、どこから変える!?」

ムリすぎる。**事務作業にまみれた組織の日常**

第6章 理不尽な「社会構造・通念」をどうする？

第1章

古い「組織カルチャー」をどうする？

日本の多くの組織において、
これまで集団主義的、
統制管理型、同調圧力型のカルチャーが強すぎました。
それが集団思考停止と行動停止を生み、
今の時代の無力感や停滞感を
生んでしまっていると考えます。

賞味期限切れしつつある日本の組織カルチャー、
どこから変える？　どこからアップデートする？

問題点
01

同調圧力や「不公平」感

皆、同じでなくちゃ
あの人だけ、ズルい

どうも日本の多くの組織や地域において、皆同じように行動しなければならない、他と違う行動を良しとしない同調圧力が、いまだに強いと私は感じています。

具体例を挙げましょう。


「（製造業の企業において）生産現場の人はテレワークできない。不公平だから、当社はテレワークNG。全員出社しなさい」

「皆、我慢して朝のラッシュの中通勤しているのだから、あなたも毎日通勤すべきだ」

「子育て中のあなただけ時短勤務や週休3日なんて認めるわけにはいかない。他にも子育て中の社員がいて、フルタイムで出社しているのだから」

「業界他社も同じようなやり方をしている。当社だけ違った動きをするわけにはいかない」

「この地域では、皆が地域行事や祭りごとに参加するのがあたりまえ（しないあなたはおかしい）」

「管理職たるもの、定時後も土日も関係なく働いてあたりまえ」

「同じ会社なのだから」「同じ職場なのだから」「同じ業界なのだから」「同じ地域なのだから」「管理職なのだから」のように、同じ組織やコミュニティや属性の中で同じ行動を強いる。

戦前の軍国主義にはじまり、続く戦後の高度経済成長の歴史が、**「皆が我慢して耐える」**カルチャーとメンタリティ（心持ち）を助長してきました。私たちの多くは、実はそのやり方からいまだに抜け出せていないように思うのです。

こんな同調圧力による統制管理型のマネジメントには大きな弱点があります。まずもって、**想定外の事象に対応できなくなる**。経験したことのないトラブルが発生したり、既定路線以外のやり方を考えろと言われても、考えることができない。

たとえば、台風や豪雨や大雪などの自然災害。地球環境の変化に伴い年々大型化して、想定外の地域で想定外の被害をもたらしはじめています。

台風や大雪が来ると予報がされているにもかかわらず、なおかつ緊急性の低い仕事であるにもかかわらず、会社は相変わらず通常通り（または最大限の注意を払って）社員を出社させようとする。

「皆頑張って出社しているのに、自分だけ休むわけにはいかない」
「会社による指示がないから、通常通りの行動をせざるを得ない」

そうして、駅で長時間足止めを食らったり、帰宅難民になったりする。過去に経験のない「異常」事態に対し、今までの「通常」を貫き通そうとしておかしなことになっているわけです。

組織のビジネスモデル変革の面でも、統制管理型で同調圧力の強い職場は好ましくありません。社長は「今までにない、新しいビジネスモデルを考えろ！」と社員に檄《げき》を飛ばすも、働き方が旧態依然、固定的では新しいビジネスモデルなんて到底生まれそうにない。

・経験したことのない未知の事象に対応できない
・新たな発想を生むこと、育てることができない与えられた環境で、指示されたことを、きちんとこなすやり方に最適化された職場は、イノベーティブな人たちには居心地が悪く、エンゲージメントをかえって下げてしまう。時代の過渡期にあって、私たちはその前提に立つ必要があると言えます。

問題点

０２

過去の成功体験への執着

気合と根性が足りない！

俺たちの若い頃は……

成功体験への執着もまた組織の思考停止をすくすくと育み、かつやる気のある人のエンゲージメントを下げます。

とかく、日本の多くの組織や地域においては、前述のような同調圧力型、統制管理型のマネジメントやカルチャーの成功体験が強すぎました。

それが、とりわけベテラン世代における「勝ちパターン」を強固なものにし、「とにかく言われた通りにやれ」「異論は認めない」のような**「答えは組織の上（の職位や世代の人たち）が持っている」幻想**を正当化してしまっていると私はとらえています。ベテランの人たちの、そんな言動に違和感を感じるのは私だけではないはずです。

こうして、たとえばどう考えても売れなさそうな商材を、ひたすらテレアポや飛び込みで営業させられて無駄な長時間労働や休日出勤が常態化する。うまくいかず担当者がココロ折れて辞める。これではうまくいくわけがないですよね。

「あなたたちの時代はそれでよかったかもしれないけれども、今は違う」

その感覚は間違っていないでしょう。環境変化や社会構造・組織構造の変化に伴い、ベテランの人たちの成功体験の打率は急激に低くなりつつあると言えます。

「過去の成功パターンの延長線上に明るい未来が見えない」
「会社組織や上長の指示に従い続ける合理性がない」

ひと昔前であれば多くの人が新卒で入社した会社で定年まで勤め上げる前提で、採用計画や人材育成計画や出世・昇給プランが最適化されていました。

突然の転勤など、個人的には理不尽に思う指示であっても、会社や上長に従っていれば間違いなし。順調に昇格・昇給がなされ、60歳になれば「おめでとうございます。定年（ゴール）です。これからはご家族ともども、幸せな老後を送ることができます。ごきげんよう！」、このような未来が約束されていました。しかし今はどうでしょう？

・転職があたりまえになりつつある（転職したつもりがなくても、会社の意思によるM&Aや転籍命令により事実上の転職をさせられることも）
・「働き方改革」の指示の下、残業禁止。残業代前提の生活設計が破綻
・転籍により給与水準が大幅ダウン
・60歳を超えても働き続けなければならない人が増えている
・多様な属性や特性の人たちと協働して成果を出す必要がある

すなわち、同じ組織に長期間（新卒から60歳の定年退職まで）かつ長時間（残業や休日出勤を重ねて出世していく）働き続ける前提が前提でなくなりつつある。加えて、過去のやり方が通用しない。それどころか、同質性の高い人たちとしか仕事ができない人は、将来食いっぱぐれるリスクの匂いさえする。

今のままでは、組織の言いなりで思考できない、行動できない人間になってしまう。その行く末に、成長意欲が高くかつ問題意識が高い人ほど危機感を覚えて当然です。

自分の人生のハンドルを握ることが許されない状況は、そこで働く個人の成長リスクであり、自分経営リスクでもあるのです。

問題点

03

コンフォートゾーンを捨てられない

今までと同じがいい

変わりたくない

自分たちにとって心地が良いと感じる心的領域や空間を「コンフォートゾーン」と言います。**人は、コンフォートゾーンを手放したくない生き物です。**だって、私たちにんげんだもの。

とはいえ、ここまでで散々述べてきた通り、変わらないことが組織とそこで働く人たちの大きなリスクになりつつある時代です。たとえば、ここ数年間で猛威を振るったCOVID-19をはじめとするパンデミックとの向き合い方を見てもしかり。

「心地良い場所」から動けない

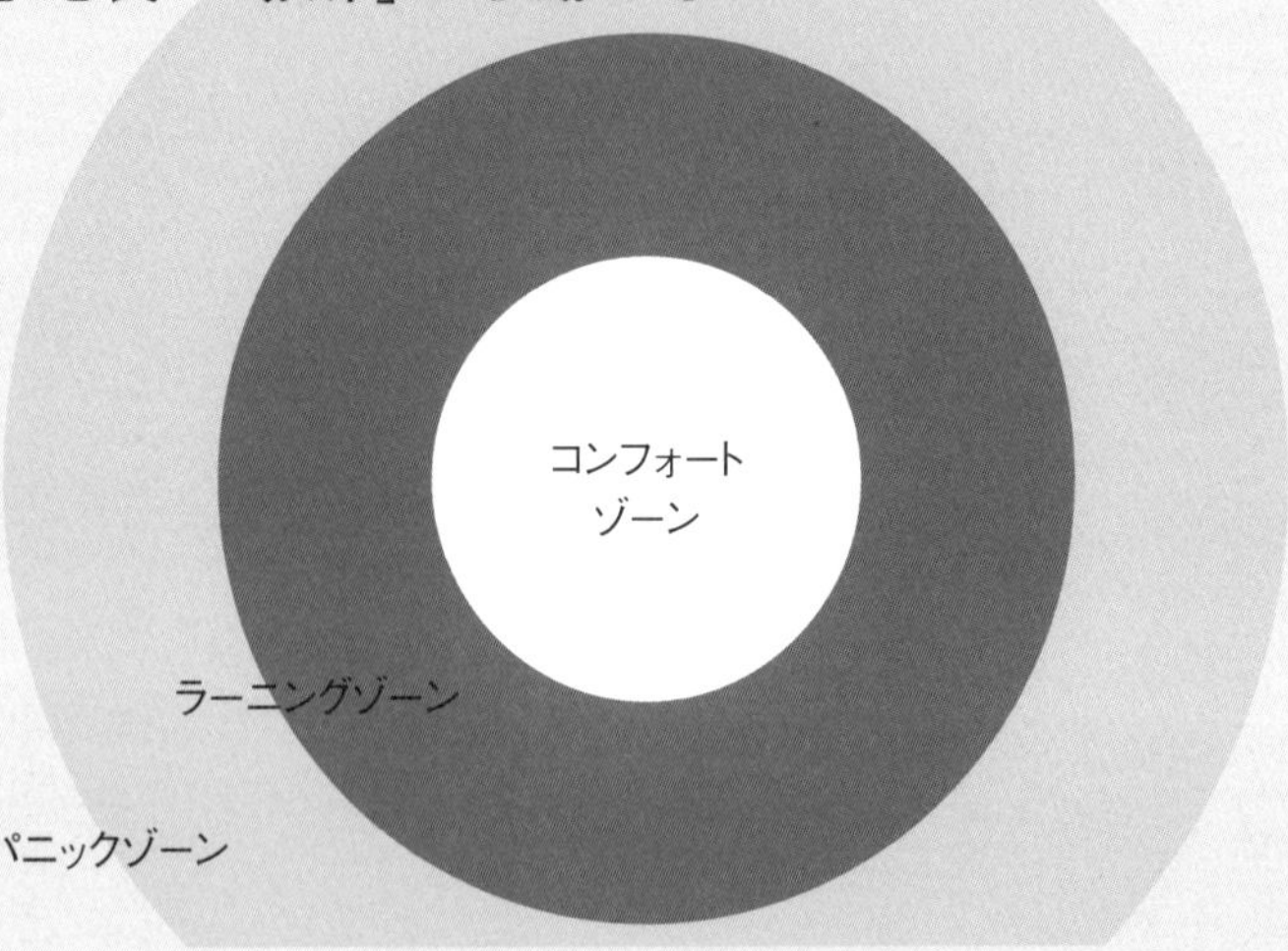

COVID-19の蔓延を機に、多くの企業組織がテレワークを取り入れました。

そのまま出社を基本としないフルリモートワークや、出社とテレワークを組み合わせた「ハイブリッドワーク」に移行する企業組織も増えてきました。

その一方、一定の落ち着きを見せた2022年春頃から、完全出社や「原則出社」に戻す企業組織もあります。

そうした企業組織の中には**「元の働き方に戻す」**なる言葉を使っているところもあります。

もちろんテレワークもハイブリッドワークも万能ではありません。企業組織のポリシーに合わせて、最適な働き方を追求する、その答えが出社であってもよいとは思います。

しかしながら、一律で「元に戻す」ことが本当によいのか？

元に戻す理由が、新しいコミュニケーションスタイルに馴染《なじ》めない、古い世代の人が旧来のコミュニケーションの仕方、マネジメントのやり方、信頼関係構築の仕方から抜け出せないだけだとしたら？

これからの時代、デジタル技術やツールを活用してコミュニケーションしたり信頼関係を構築したり、これができない人たちに、新しいビジネスモデル創出やイノベーションが期待できるでしょうか？　私は「期待できない」「望み薄」だと感じてしまいます。

とりわけ、過去の勝ちパターンに執着している人たちによる、コンフォートゾーンを手放したくない引力は、そのコミュニティ（組織や業界や地域など）を停滞からの衰退の道へじわりじわり歩ませることになります。

問題点

04

「井の中の蛙《かわず》」

これでいいんだよ

うちの業界はこうなんだから

「外を知らない、井の中の蛙たち」。私がかつて制作・刊行した『職場の問題かるた』の「そ」の読み札です。

井の中の蛙、狭い井戸の中から出たことのない人たち。すなわち、同質性の高い人たちが主流の組織では、今までの行動や思考を変えるモチベーションが働きにくいです。

「潰れかかるくらいの経験をしないと、この会社は変わらない。皆、まるで危機感がない」

私の知り合いの、大企業のある役員は最近こう呟《つぶや》いていました。この一言には、井の中の蛙の組織の特性が凝縮されていると言ってもいいでしょう。

もっとも、井の中の蛙の同質性の高い組織は、潰れかかっても変わらなかったりしますけれども（そのような大企業病末期の会社を私はいくつか知っています）。

職場の問題かるた　「井の中の蛙」たち

出典『職場の問題かるた』技術評論社刊　作：沢渡あまね／絵：白井匠／声：戸松遥

そう、井の中の蛙さんたちの多くは**「困っていない」**のです。

仮に非効率な仕事や雑務で残業が続いていたり、明らかに低利益体質のビジネスモデル、かつ低賃金で働かされていたりしてもその不条理に気づかない。

仕事とはそういうものだ、この業界やこの地域で生きるとはそういうことだと思い込んでしまっている、またはあきらめている。あるいは現状に満足し、今と変わらぬ平穏な未来だけを望む。

現状を変えようと思っても、周りの人たちは一切興味を示さない。それどころか、何か新しいことをやろうとすると煙たがられ、村八分にされる（そして本章の01に戻る）。こうして誰もが思考しなくなる、または思考することを自らの意志で止めてしまうのです。

不満に思った井戸の中の住人たちに見切りをつけ、ジャンプして外に出ていってしまいます。こうしてますます同質性の高い、思考しないコミュニティ構造のできあがり！

もちろん、本人たちが幸せなら何も言いますまい。しかしながら、未来を考えたときに本当にそれでよいのでしょうか？　でもって「良い人が集まらない」「中堅や若手が出ていってしまう」「組織や地域に活気がない」と嘆かれてもねぇ……。

問題点

05

ラクをするのは悪いこと

手抜きをするんじゃない

常に全力でやれ

どうも日本の職場においては、いや、それどころか学校教育においても「ラクをすることは悪い」「効率化をすることは手抜きだ」のような考えが蔓延しているような気がしてなりません。私がそう感じたエピソードを3つお話しします。

小学校3年生のとき。掛け算の筆算を習っていた頃。手先が不器用だった(今もですが)私は、先生が次々と板書する数式をノートに書き写すのに苦労していました。書き写すのに精いっぱいで、時間内に問題を解くことができない。そこで、休み時間に、筆算の式だけをあらかじめノートにずらっと書いておいたのです。こうしておけば、書き写す時間をかけずに問題を解くことに集中できます。

ところがそれを見た担任の先生からは……なぜか叱られました。

「手抜きをするんじゃない」と。

今の私だったら即理詰めでとことん反論するところですが、まだ幼子だった私にはその度胸も能力もありませんでした。ただ、モヤモヤした理不尽な気持ちだけが残ったのは今でも覚えています。

時を経て、大学2年生の後期試験のときのこと。早く問題を解き終えた私は、見直しをしてもなお時間が余ったため、頬杖をついてしばしぼーっとしていました。試験期間中でいかんせん睡眠時間が足りていないですから、少しでも体力を回復しておきたいなと思ってのことです。しかし試験終了後、いきなり教官から名指しで注意を受けます。

「キミは不真面目だ。早く終わったなら、時間いっぱい入念に見直すなりするべきだ」

さすがに納得いかずに反論しましたが、大学のような高等教育の現場においても気合・根性・頑張ったふりを評価する古い価値観がいまだに罷《まか》り通っているんだな、と私は悲しくなりました。

3つ目のエピソードは私が社会人になってから、ある大手企業を訪問したときのこと。業務効率化の検討会に、私は外部アドバイザーとして呼ばれました。会社全体で業務効率化に取り組みたい。しかしながら、社員の腰が重たく遅々として進まない。社員の何人かに話を聞いてみると、こんな胸中を明かしてくれました。

「仕事を効率化しようとすると、上司がいい顔をしないんです」

彼女たち曰《いわ》く、たとえば電卓で計算していた集計業務をExcelなどを使って自動化しようとすると「ラクをしようとするな」「きちんと手で計算して確認しろ」と言われると。

やり方を工夫して時間を創出しようとしているだけなのに、**ラクをすることは「悪い」「ズルい」**。

こうして、思考停止した人たちや声の大きいクレーマーに足を引っ張られ、改善意欲の高い人や新しいことを始めたい人が、個性や独自性を発揮できずに無力化されていく。またはは辞めていくのです。

問題点 06

固定化された景色

今までのやり方は変えない

けれども、新しいこと考えてね

社長は**「今までにない、新しいビジネスモデルを考えろ！」**と社員に檄を飛ばす。

たぶん「新しい発想」は出てこない……

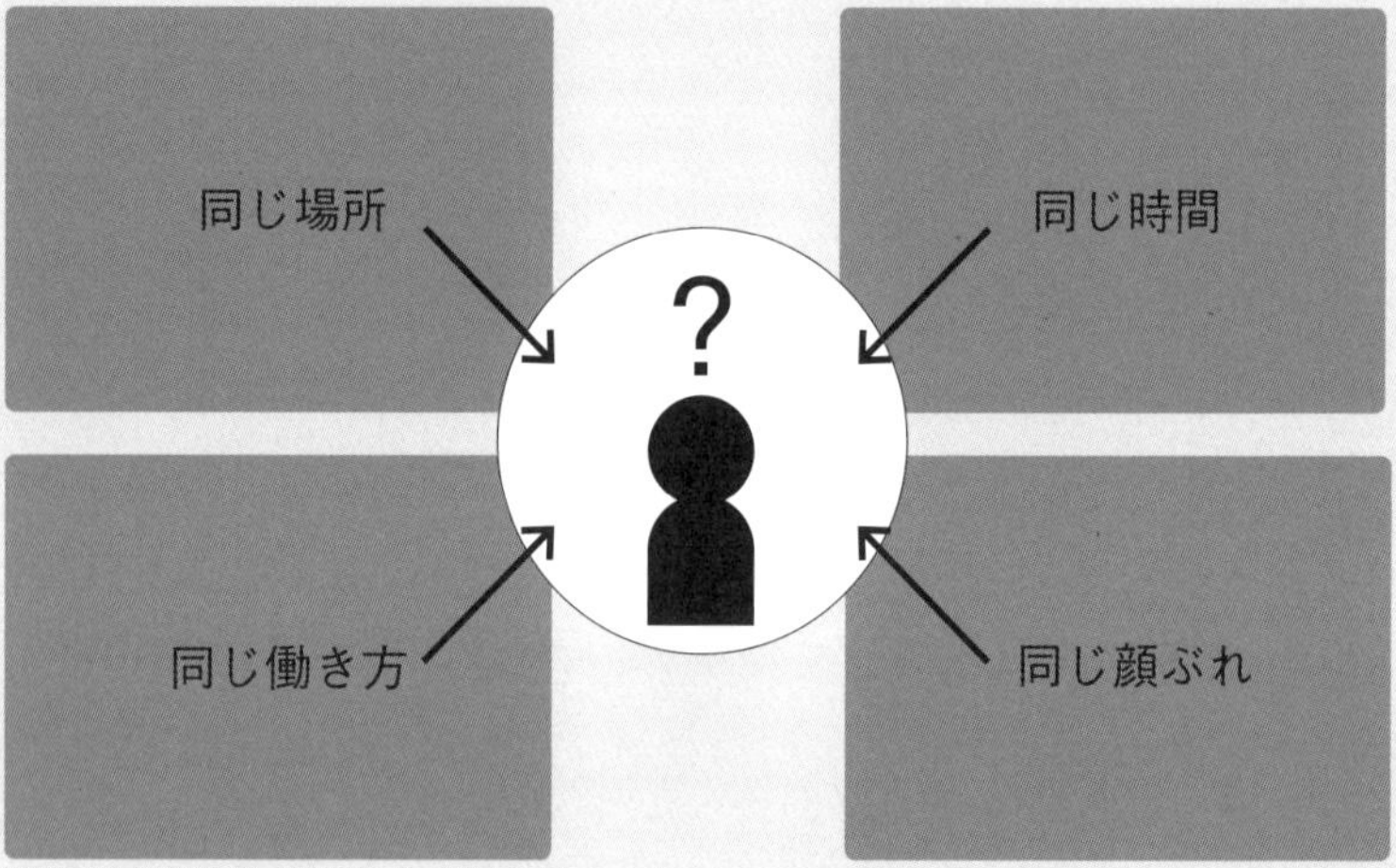

ところが、会社が規定する働き方は旧態依然。決められた時間、決められた場所で、同じ顔ぶれで顔を合わせるしか選択肢がない。

たまに社外に出ようとすると、経理や総務がイヤな顔をする。

そのような固定的な働き方、社員を社内に閉じ込める環境でイノベーションもトランスフォーメーション（最近ではデジタル技術の利活用により、組織やビジネスモデルを変革する「デジタルトランスフォーメーション」の必要性が叫ばれていますが）も、期待できるとは私は思えません。

断言します。固定的な景色でイノベーションやトランスフォーメーションを求めるのは「無理ゲー」（クリアするのが困難なゲームの意）です。

「今までにない新たな発想を期待します。ただし、会社は従来の働き方やルールを変えるつもりはありません」

これって、あまりに組織のご都合主義、組織にとって虫が良すぎやしませんかね？

せめて、イノベーションや変革を主導する担当部署だけでも、固定化された景色から解き放っていかないと担当者も気の毒です。

「で、どこから変える!?」

ムリすぎる。**旧態依然の組織カルチャー**

組織カルチャーを変えるのは容易《たやす》いことではありません。

30年、40年、50年と長きにわたって

熟成された思考習慣や行動習慣、

1日やそこらで変わったらむしろ気持ちが悪い。

しかしながら、私たちの半径5m以内から

徐々に組織の景色を変えていくことはできます。

解決策

率先して行動してみる

まずはあなたから、思い切って新しい行動をしてみてはいかがでしょうか？

・ルーチンの集計作業やチェック業務を、Excelを使って自動化してみる
・会議の日程調整や行事の出欠確認、「調整さん」「トントン」などのITクラウドサービスを使ってみる（メールで相手に連絡する際、「以下のURLに各自の都合を記入してください」と書いて相手を巻き込む）
・電話やメールで連絡が来ても、しつこくチャットなど新しいツールでレスを返す
・顧客や上長からの指示に対して、意見してみる／別のやり方を提案してみる
・台風接近が予想される日の朝、在宅勤務で対応する
・夏季の節電要請がある時期、スーツ&ネクタイや、パンプススタイルをやめてカジュアルウェアで出勤してみる

些細なことからでも構いません。自分で思考した経験がない組織や、自ら行動したことがない人たちほど悪気なく今までと異なる行動をしてはいけない、誰もやらないからと一歩踏み出せずにいる可能性は大いにあります。だから、あなたがまずファーストペンギン（最初に新しいことを始める人）になる。

私のエピソードを一つお話ししましょう。

2010年のこと。当時勤務していた大企業で、私が社内異動をした直後。会社としてテレワーク制度があり、前の部署でも申請をしてたまにテレワークをしていました。異動後に配属された部門でもテレワークをしたいと思い、申請したところ部門の人事担当からモノイイが……

「ウチ（の部門）では、テレワークは育休復帰明け1年以内の女性社員にしか認めていないのです」

え、えっ!?　それ、おかしくないですか？　会社の制度としてテレワーク制度があるのに。前の部門では、普通にテレワークしていたのに。

異議を唱えつつ、議論していても埒《らち》があかなそうだったため、私は直属の上長の許可のもとにテレワークをしていました。**ローカル・ルールはスルーする。**その大胆さもときには必要です。私のこの行動の後、周りの空気が少しずつ変わりはじめました。

「僕も沢渡さんのようにテレワークしてみようかな」
「私も試しにテレワークしてみようと思います」

こうして一人、また一人。チームの若手の社員が手を挙げてテレワークにチャレンジするようになりました。今では、その部門では皆普通にテレワークをするようになっています。**後に続いてくれる仲間に恵まれたことにも感謝です。**この出来事を機に、私自身のチームやメンバーに対するエンゲージメントも高まりました。

「誰もやらないから」
「ルールだから」

そのような理由で、思考停止、行動停止していないでしょうか？　それでは組織はいつまでたっても変わりません。

「あなた（たち）だけ、ズルい」
「製造現場と不公平だからダメ」

そんなこと言っているから、またはそんなこと言わせているから進化しないのです！

私の好きなフレーズに**「許可を求めるな、謝罪せよ」**という言葉があります。何か新しいことを始めるとき、許可を求めようとすると面倒な議論に巻き込まれたり、手続きが大変だったり、抵抗勢力にからまれたりでうまくいかないことも。

だったら、やってみて何か言われたら後で謝ればいい。

人の生命にかかわるようなものごとや、法律に違反するようなことはさておき、そうでないならやってみるのもありです。そうして、あなたの行動の理解者、共感者、後に続く「ファン」が増えればラッキー。その組織は捨てたものではありません。

解決策

前例踏襲の同調圧力には「理解はするが、従わない」姿勢で

「あなたの意見に理解はする。だが断る」

今までとは違う新しいことを始めようとするとき、この姿勢も大事です。私の知り合いで、チームの組織風土を変えてきたあるマネージャー（管理職）Kさんの話をしましょう。

Kさんはそのチームに着任後、それまで前例踏襲でやってきた仕事を次から次に新しいやり方に変えてきました。メンバーはどちらかというと保守的なベテランが多数。中には「私は今までのやり方を変えたくありません」と明言するメンバーも。

そんなとき、Kさんは次のように切り返していました。

「あ、そういう考え方？　あなたの考え方はわかった。ならばあなたの仕事のやり方を変

えなくてもいい。でも、僕は僕のやり方でいくから」

こうして、新規業務を中心に徐々にKさん流の新しい仕事のやり方に変えていきました。人は抵抗されると、ひるんだりまたは強く反論しようとしてしまいがちです。それで人間関係が大きくこじれてしまうことも。そうならないためにも、

「あ、そういう考え方?」

この一言は、相手のスタンスに理解を示しつつ「あなたと私は違う」「私は私のやり方で」を示す真摯な言葉だと私は思いました（以来、私も「あ、そういう考え方?」をなるべく言うようにしています）。

解決策

粘り強く声をあげる

何か新しいことを始めるためには、組織のカルチャーを変えるには、粘り強さも重要です。それは、リーダーでもメンバーでも同じです。

愛知県の公立の小学校で教員の働き方を変えた元教頭は、理想とする働き方を校内だよりなどで発信しつつ、教員一人ひとりとも対話をし、

「一緒に変えていきませんか」
「一緒に考えませんか」

と働きかけてきたと言います。今までの働き方を「あたりまえ」「変えてはいけない」とする、教員の固定観念がそれだけ強かったからです。

こうした粘り強いビジョンニング（ビジョンを組織の中や外に伝え浸透させる行為）や現場の人たちとの対話は、凝り固まった組織を解きほぐしていくために欠かせないでしょう。

もちろん、リーダーのみならず、メンバーから声をあげて組織カルチャーを変化させることも十分可能です。

「新しいやり方にチャレンジさせてください」
「このやり方を続けていたら、モチベーションが下がって辞める人が増えると思います」
「そろそろＩＴを使っていかないと、自分のスキルも上がらず不安です」

しつこく声をあげていきましょう。やがて共感者、応援者、一緒に行動してくれる人が見つかるかもしれません。

解決策

ファンを見つける、２人目を見つける

ファンを見つける。２人目を見つける。いずれもボトムアップ（メンバーからの草の根活動による）で新しいやり方を取り入れたり、組織カルチャーを変えていくための一丁目一番地です。

ファンとは、あなたの思想や行動に対する共感者であり協力者です。

あなたのファンはどこにいる？

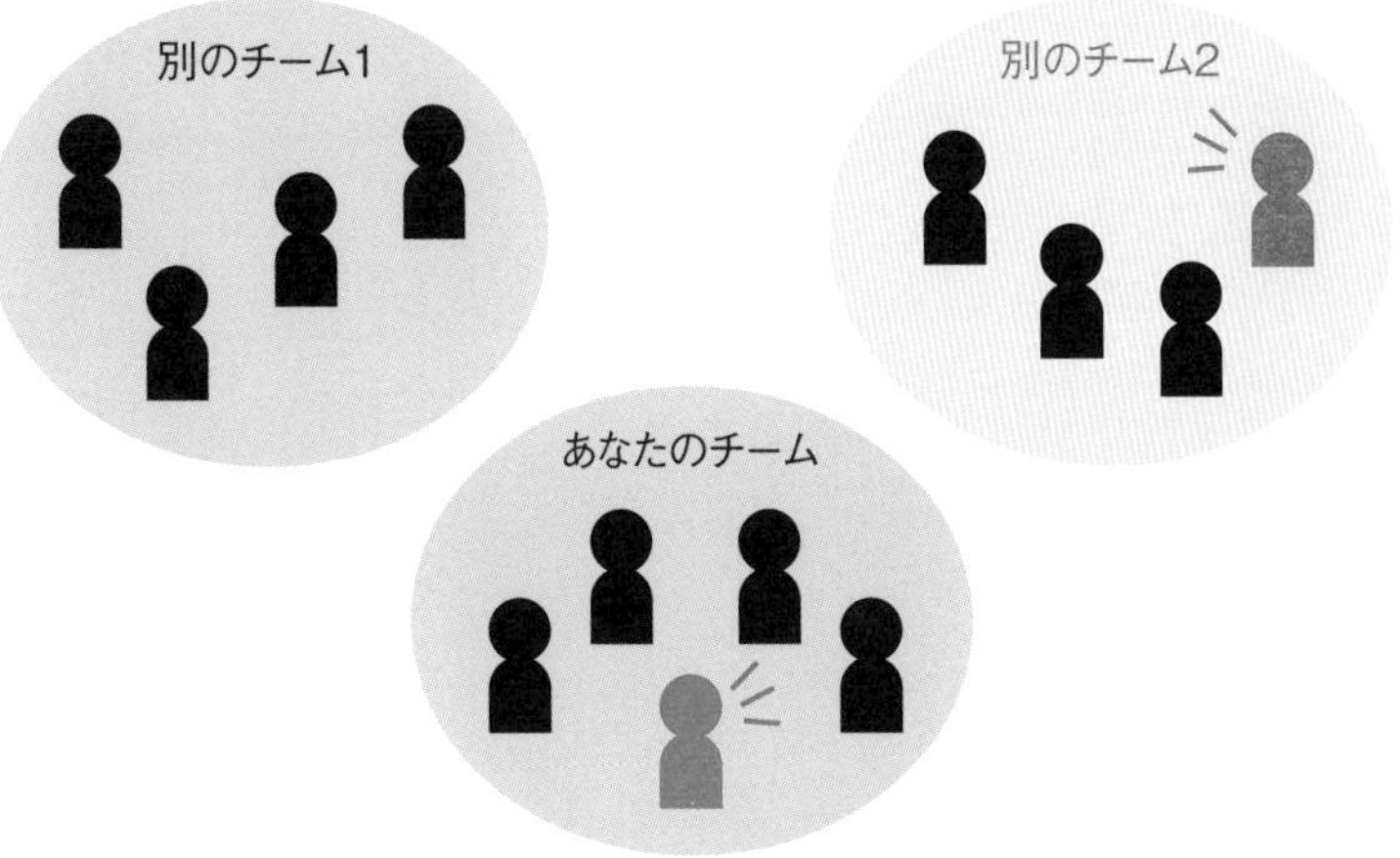

あなたの考えや行動に「いいね」してくれて、協力者やともに実践する仲間になってくれる「2人目」が見つかれば、そこから組織の空気は徐々に変わってくるでしょう。

もしかしたら、その2人目はあなたのチームには見つからないかもしれません。だからといってあきらめるのは早いです。

たとえば、関連するほかのチームのメンバーが共感してくれるかもしれません。

課長がいい顔をしなくても、部長が理解を示してくれてスポンサーになってくれるかもしれません。他部門の部長や役員、あるいはお取引先の担当者が味方になってくれるかもしれません。

私自身、自分の所属する部門の人は理解を示してくれなかったが、他部門の部長がファンになってくれて自分を買ってくれた。その部門との共同プロジェクトで新しいＩＴツールを使ったり、新しい仕事のやり方を試すことができた。そのような実体験があります。

「ウチの会社、面白い人がいるんだな」
「自分にもやれることがありそうだ」

そんな気持ちになり、会社に対するエンゲージメントが高まったことを思い出します。

そこにあなたのファンが、２人目がいるかもしれません。意外なファンや２人目と出会うためにも発信は欠かせません。たとえば社内イベントや社内ＳＮＳなどで思いや問題意識を発信したり、自ら社内コミュニティなどを立ち上げて仲間を募るのもよいでしょう。

解決策 ポジティブに発信する

発信をするときに注意したいポイントを3つお話しします。

・健全な危機感をもとに
・健全な成長欲求をもとに
・未来志向で

どんなに良い意見や鋭い提言でも「それ、あなたのワガママだよね」「今まで、このやり方でやってきたのだから」と言われてしまっては切ないですよね。

「今のままでは、組織や社会にこんな悪い影響がある」
「顧客やお取引先に迷惑をかける」
「当社やこの業界や職種に対する理解者や協力者を遠ざけてしまう」
「自分は、自分たちはこのように成長していきたい」
「今はよくても、新入社員やこれから仲間になる未来の世代の人たちに対して申し訳ない」
「一緒に、明るい未来を創っていきましょう」

このようなポジティブな思いを真摯に伝えましょう。それでも理解者が見つからなければ？　そのときは、その組織を離れるのもありかもしれません。

解決策

情報のシャワーを浴びせ続ける

同質性が高い組織であればあるほど、外との接点が少なく悪気なく同じ考え方、同じ行動で凝り固まってしまっています。

情報のシャワーを浴びる習慣を、組織につけさせましょう。

私の組織変革仲間であり、三重県のChief Digital Officer（CDO最高デジタル責任者）の田中淳一《たなかじゅんいち》さんも「情報のシャワーを浴びせ続ける」とおっしゃっていて、日々、行政職員に実践している行動の一つです。

具体的には、ＩＴ技術のトレンド、ＩＴを活用して働き方や仕事の仕方や住民の生活が変わった事例、その他新たな知識を取り扱うインターネットのニュース記事などを、担当者を決めて庁内にメールやSlackで発信する。

こうして、日常的に外の情報や新たな知識に触れる機会を作っているそうです。徐々に職員の意識も変わりはじめ、改善に向けたアイディアが生まれたり、意見や提案をする風土が芽生えてきていると言います。

ちなみに社内報や社内メディアなどは、情報のシャワーを浴びせたり、あなたの問題意識を発信してファンや2人目を見つける強力なツールです。

解決策

外の人たちと触れ合う機会を作る

メンバーの意識が徐々に外に向いてきたら、思い切って一緒に外に出てみましょう。

- 業界他社の人たちと意見交換をする
- 他業界で同職種（たとえば人事部門同士、情報システム部門同士、経理部門同士）の人たちとワークショップや学習会をやってみる
- 越境学習プログラムに参加してみる

「井の中の蛙」さんたちを、いきなり外に引っ張り出すのはハードルが高いかもしれません。よって、情報のシャワーを浴びせつつ、粘り強い発信をしつつ、**メンバーの意識が少し外に向いてきた（またはあなたのファンや2人目が見つかった）タイミングで、外との交流を投げ込むのがよいでしょう。**

このタイミングを見誤ると逆効果になり、内向きの志向を強くしてしまう人たちもいますから気をつけましょう。

そのうえで、越境学習の機会も、半強制的に外に触れて意識をアップデートする場として積極的に取り入れていきたいです。

越境学習とは、他部門、他社、他業種、他地域の人たちと交流しながら学ぶ方法のこと。固定化された景色からは、主体的な思考も行動も生まれにくいです。

越境学習を始めやすい「3つのきっかけ」

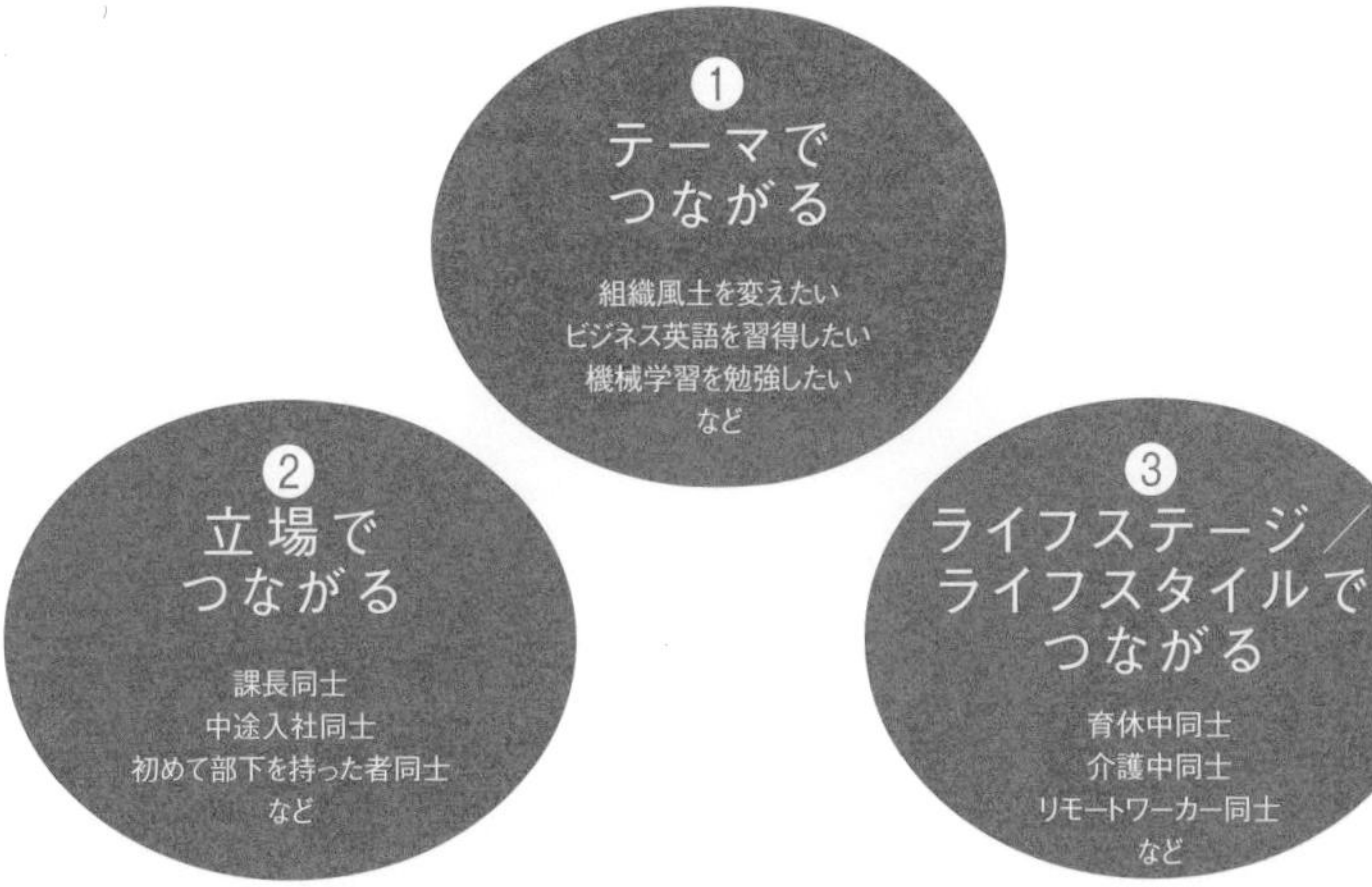

いわんや、イノベーションもトランスフォーメーションもいつまでたっても遠い星の夢物語。**越境する（させる）ことで、まずは固定化された景色を変えていきましょう。**

私自身、複数の異なる企業の人同士がオンラインで集まって自組織の課題解決のためのディスカッションをする越境学習プログラム『組織変革Lab』を運営していますが、そこで大企業を中心とする人たちの変化を日々見てきています。

・他社の人たちとの交流や議論を通じて、自社の課題を認識できた
・自社のいいところも見えてきた
・社内では言いにくい悩みを共有できた
・ともに悩み、ともに頑張る仲間が社外に

見つかった

・自ら思考し、自ら問題や課題に名前をつけ、自らディスカッションし、自ら行動する習慣が身についた

考えてみれば、同質性の高い職場、「井の中の蛙」な状態にいる人たちは、自分たちの問題や課題は何か、価値は何かなどに目を向ける機会すら与えられません。日々、言われたことだけをこなす仕事のやり方では、主体的に思考したり、あたりまえを疑ったり、主体的に行動する機会もないし能力も備わらない。それでは、悪気なく思考停止、行動停止に陥って当然です。

越境学習の機会は、主体的に思考して行動するための筋力トレーニングの場と言ってもよいでしょう。

解決策

外の人に代弁してもらう

外に飛び出すハードルが高ければ、**外の人を取り込むアプローチ**も検討しましょう。

・有識者を社内に呼んで（またはオンラインで）講演してもらう
・業務の一部を外の専門家に委託し（または顧問として委託し）、外の人と一緒に仕事をする経験を作る

こうして外に対するアレルギーを取り除きつつ、頃合いを見計らって外に出ていくアプローチも取り入れる。なにごともステップバイステップです。

また、あなたが悪者になってしまうようなら、外の人にその思いを代弁してもらうのもコミュニケーション戦略の一つです。

・外部の有識者に、世の中のトレンドを語ってもらう（あるいはズバッとダメ出ししてもらう）
・あなたはその人の意見に大きくうなずく

有識者の話に共感を示すことで、あなたの問題意識を周りに知ってもらう。同じようにうなずいている人がどれだけいるかを観察して対話を仕掛ける。そこで聞いた話や得た学

びをベースに、社内の議論を進める。

一人の意見に偏りすぎて社員の共感が得られにくそうな場合、**複数の有識者を呼んで（または社員代表を一人立てて）社内対談を仕掛けてみてはいかがでしょう？**

一人の演者が主張するのに比べて意見が偏りすぎないですし、複数の演者が話すことで聴衆が共感できるポイントが増えます。お笑いトークライブも、ボケ役とツッコミ役がいることで笑いのポイントが増えますよね。それと同じです。

またオンラインで行い、チャットで聴講者のコメントを投げ込めるようにすると、誰がどんな意見に共感しているのかがわかり、そこから共感者を見つけられる可能性も高くなります。これなら講演会場で手を挙げて発言や質問をしにくい人でも、意見や質問をしやすくなるかもしれません（いろいろと工夫は必要ですが）。

共感ポイントや、共感を示すポイントを増やす。

これも、組織の空気をしなやかに変えていくためのコミュニケーション戦略です。

ちなみに、私でよければいつでも悪者になります（笑）。

解決策

小さな変化を言語化する

新しいことに取り組んでおしまい、外に出ておしまい、越境しておしまい……では人々の行動も組織のカルチャーもなかなか変わりません。

振り返りと変化の言語化をしましょう。


「意外とイケるよね」

「ラクになったね」

「この仕事、めっちゃ楽しい」

「オペレーションを改善する経験が身についたね」

「IT使えるオレってかっこいい!?」

行動とカルチャーが変わってきた組織は、リーダーやメンバーがこのように行動の意味づけや変化の言語化を積み重ねています。そして、言語化の積み重ねが、この組織ではどんな行動を良しとするかの合意形成、およびその組織の人々の思考習慣や行動習慣を形作ります。

その意味でも、「組織の口ぐせ」はものすごく重要です。ミスや失敗を叱責したり、否定してばかりいる職場はリーダーやメンバーの考え方が保守的かつネガティブになりがちですし、そのまた逆もしかり。リーダーは特に、普段からの言葉遣いや表現にも気をつけたいですね。

「新しいITツール。まだ使いこなせない部分もあるけれど、言われてみれば意外と便利かもしれない」

「なるほど、リーダーは新しいやり方に好意的なのだな」

「そうか、改善や工夫をして仕事をラクにするにするって良いことなんだ」

「仕事って楽しんでいいものなんだ」

「今まで、無理して苦しんでいたのかも……」

「そうか。自分たちの力で改善できたんだ。やればできるじゃん、私たち！」

「改善……面白いな。もっとやってみたいな。専門書を読んで勉強してみようかしら」

メンバーがそんなふうに感じはじめたら、しめたものです。

第2章

失われた「思考能力」をどうする？

集団思考停止の状態から脱するためには、その組織に属する人が主体的に思考して行動するための能力や行動習慣を兼ね備えている必要があります。

自ら主体的に問いを立て、主体的に思考し、主体的に行動する能力や経験がないのに、「主体性を持て」「思考せよ」「行動せよ」と言われても頭も体も動きません。

失われた主体的な思考能力と行動能力を取り戻す。そのためには、
どこから変える？　どこからアップデートする？

問題点

01

トレーニング不足

具体的にどうすればいいの?

もっと学びたいです

「新規事業を企画せよ」

「今までとは違う、新しい仕事のやり方をしてみてください」

社長や部門長はそうハッパをかけるものの、社員一同どうも頭も体も動かない。

目先の仕事で忙しい、そんなことしても評価されないなど物理的および心的な制約条件もあるものの、全員が全員そうではない。一部の人は問題意識も新しい取り組みに対する興味もやる気もある。どういうことかというと、

・主体性はあるのだが、どう行動したらよいかわからない

・やる気はあるけれども、やる方法が思いつかない

こうして、心に頭がついていかない状況でモヤモヤと足踏みしてしまう。このもどかしい状況、私自身いくつもの職場や地域（特に地方都市）で見てきました。無理もありません。なぜなら、主体的に思考するトレーニングを受けてきていないのだから。

集団主義的、統制型組織においては、**「上から言われたことを真面目かつ正確にこなす」**ことを良しとするカルチャーが優勢です。

むしろ、そのカルチャーをすくすくと育ててきました。上位の意思決定層や、経験年数の長いベテランの言うことが絶対であり正義。その前提で、その組織や地域の統制を維持してきたわけです。

それどころか、**現場や若手の人たちが勝手に考えて、勝手に逸脱した行動をとってもらっては困る。**

こうして、指示されたこと以外の余計なことを考える時間を与えなかったり、余計なことを考える能力の育成にも投資してこなかった組織も多いのではないでしょうか。

管理職においても同様です。上からの指示を、そのまま下に流す。上から言われたことや決められたルールを、現場の人たちに守らせて目先の成果を出させる。いわば、統制管理型、統制監視型のマネジメントのやり方しか知らない。

「言われたことを守らせるのが管理職の仕事だ」
「部下を監視するのが管理職の責務である」

こう思っている管理職も少なくありません。

たとえば、テレワークを取り入れた企業や職場において、**「テレワークだと部下がさぼるかもしれないから」**と部下の行動を細かく監視したり、部下に細かく進捗報告を求めてうざがられたりして、上司と部下の人間関係がギクシャクした、かえって仕事の生産性が下がったなどの話を耳にします。

これは働き方が、働く環境を個人の環境に委ねるオープン型、権限移譲型のスタイルに進化してしまったのに対し、マネジメントの仕方が旧来の統制管理型、統制監視型のスタイルに留まっていることで起こる、ギャップによるコンフリクト（軋轢）と私はとらえています。

多くの人が「思考する機会」を奪われている!?

テレワークのような働き方で成果を出すためには、マネジメントの仕方もオープン型に適するものに進化させていかなければならない。今までとは異なるマネジメント能力を身につけなければならない。

ところが、管理職が統制管理・統制監視型のマネジメント能力しかないものですから、うまくいかなくなるのです。

こうした旧来型の管理職に向かって、メンバーに新しいことを考えさせろ、提案させろと言っても、どうしたらよいかわからない。ひるんでしまう。

「自分が面倒なことになるから、メンバーに余計なことを考えさせたくない」

こんな理由で、メンバーに育成機会を与えない管理職もいます。

主体性のある若手が「思考能力を高めるトレーニングを受けたいです」「デザイン思考やマーケティングなど、新たな能力を身につける研修を受けたいです」と手を挙げても管理職が理由をつけて差し戻す。

「そんな研修受けて何になるの？」
「それより、目先の仕事に集中しなさい」
「あなた（たち）は、言われたことだけをやっていればいい。余計なことは考えなくてよろしい」

こうして、思考する能力を開発する機会も主体性も奪われていく。指示されたことを真面目に、目先の仕事を正確にこなす／こなさせる能力に長けた人たちだけがすくすくと育っていくのです。

問題点

02

思考経験不足

そもそも何を考えればいいの？

（既に思考停止）

そもそも、主体的に問いを立てたり、主体的に今までのやり方のあたりまえを疑ったり、主体的に自分たちでやり方を考えて実行した経験がない。思考経験の不足も、組織の思考停止を助長します。

指示された仕事に対してメンバーが**「この仕事の目的は何でしょう？」**と聞こうものなら、**「いいからやれ」**で返される。あるいは、指示した管理職がその仕事の目的を把握していない。考えたこともない。

アナログな書類作業や、誰も読まない報告書の作成業務や、その他自己目的化した間接業務。

「この作業意味があるのですか？　無駄なのでやめませんか？」と異を唱えても、**「ルールだから」「皆やっているから」「上から指示されているから」**と拒絶され議論にすらならない。そもそも、議論の仕方を知らない。

このような噛み合わない、悲しい応酬は、旧態依然の企業組織だけではなく、住民や事業主と自治体職員などの間でも繰り広げられています。これまた無理もありません。

・仕事とは、会社や上から言われたことを淡々とこなすこと、こなさせること
・ルールは絶対
・疑うことなんて考えたこともない

このような風土で長年真面目に仕事をしてきた人が主流の組織や地域であればこそ、今までのやり方に疑問を持ちにくいです。疑問を持ったとしても、発言すると浮いてしまう。非常識だと思われ、周りから潰される。

そもそも、日本の学校教育そのものの問題もあるかもしれません。最近でこそ、**ディスカッションやディベート**など、自ら問いを立てて（または与えられた問いに対し）意見を組み立て、対話をしながらものごとを解決するための訓練を取り入れる学校も増えてきていますが、今の意思決定層や管理職層はそのような教育を受けてきていない。

主体的に思考する能力も経験もない状態で、新しいことを始める／始めさせるのは至難の業かもしれません。

問題点

03

ロールモデル不足

お手本がいない

初めてはちょっと……

「新しい取り組みを始めた人が、組織に誰もいない……」

「女性管理職、私が社内第1号。自信がない……」

「生産現場に初めて配属された女性社員。管理職や先輩社員もどう接していいかわからない（おどおど）……」

「育児休暇、男性で取ったことある人がまだ誰もいない……」

「育児休暇、取ったことある先輩が部内にいるにはいるのだが、10年前の話で今の参考にならない……」

「テレワーク。会社が制度として導入したものの、まだ誰もやったことがないし、周りも誰も手を挙げない……」

いわばロールモデル（他の人の見本となり得る人や先行事例）が組織の中に存在しない。

新しいことを始めるのを厭わない、誰もやらないことを率先してやりたがる奇特な勇者や好奇心旺盛な人はさておき、**おとなしい気質の人が多い組織であればあるほど、皆「はじめの一歩」を踏み出すのを躊躇する**。周りの様子を見て、誰かが手を挙げれば手を挙げる。

こうして、せっかくトップが新しい取り組みやチャレンジの旗を振っていても、テレワークなど新しい働き方やＩＴを活用した仕組みが整備されても、誰もやる人がいない……思考停止、行動停止な職場環境ができあがってしまいます。

「で、どこから変える!?」

ムリすぎる。**思考しない・させない環境と習慣**

思考できない組織、思考しない組織を助長し染まってしまうのは、**組織の経営リスク**であり、**あなた自身の成長リスクと自分経営リスク**です。

まずは小さな職場単位でも、自ら思考し行動するためのトレーニングや経験を増やしていきましょう。

では、どうやって組織にそのための投資をさせていったらよいでしょうか?

解決策

まずは声をあげてみよう

まずは真摯にそしてストレートに、あなた自身の問題意識と成長したい意欲を上長や周りの人にぶつけてみてはいかがでしょうか?

「自分の目線を上げていきたいので、業務改善に取り組みたいです」
「マーケティングの考え方を取り入れて、仕事のやり方そのものを変えていきたいです。この研修を受けさせてください」
「このままでは自分のモチベーションを保てるか不安です。新しいスキルを身につけて、成長していきたいです」

真摯に伝えれば、心ある上長や同僚は理解を示してくれるでしょう。一緒になって、考えてくれるかもしれません。

テレワークにまつわる、私のエピソードをもう一つお話しします。日産自動車からNTTデータに転職した当初、私はすぐにテレワークの利用申請を行いました。

当時（2008年）はまだ育児休暇明けの一部の女性社員が利用している程度だったのですが、せっかくの制度なので試してみたかったのと、新たな働き方にチャレンジしてみたかったからです。

「IT企業に転職したからには、ITを活用した働き方を率先して体験して、周りにも伝えていきたいです」

こう伝えたところ、当時の上長（部課長）は笑顔で快く受け入れてくれました。後日、時短勤務でテレワークを利用している女性社員がこんな声をかけてくれました。

「沢渡さんがテレワークをすると聞いて嬉しいです。この部署でテレワークをしているのは私だけで肩身が狭かったし、性別やライフステージを問わずあたりまえにテレワークをしてくれる人が増えたらいいなって思います」

私はこのとき、本当にこの会社に転職してよかった、いい上司や同僚に恵まれたと心底思いました。今ではNTTデータは男性も女性も、ライフステージも関係なくテレワークを実施している企業の一つです。

おとなしい人が多い組織、他の人と異なる行動をする人が少ない組織だからこそ、**今まで意見を言う人がいなかっただけ、新しい行動が起こりにくかっただけ**かもしれません。

あなたが率先して手を挙げてみましょう。

解決策

対話をする相手を変えてみる

「課長がダメなら部長と話をしてみる」

「部長がダメなら部門長や人事担当者に話をしてみる」

「自部門の人がダメなら、他部門の人に話をしてみる」

身近な人たちがあなたの話に理解を示してくれなければ、対話する相手を変えてみるのも手です。

立場や人が変われば、問題意識や共感を得やすいポイントも変わります。

課長は「そんな研修はあなたに必要ない」と思っていても、部長は「ぜひその能力を身につけて、仕事のやり方を変えてほしい」と思っているかもしれません。

自部門の人は「今までの仕事のやり方を変える必要がない」と思っていても、関連する他部門の人たちは「変えてほしい」「改善してほしい」と思っているかもしれません。

そこから、意外な味方やスポンサー（活動をするための予算を出してくれる人）が見つかることはよくあります。

とはいえ、課長を飛ばして部長と話をするのは気がひけるかもしれませんね。

「俺を飛ばして話を進めやがって……」

こう思われて、その後のあなたと課長の関係が気まずくなるのは避けたいもの。その可能性があるならば一言。**「部長の意見を聞いてみてもいいですか？」**そう課長に打診したうえで、部長に相談してみましょう。

あるいは、雑談の延長線上で部長に話をしてみるのもよいでしょう。かしこまった報告や相談の場をわざわざ設けるとなると、大げさな感じがしますし、課長にも「自分を飛ばされて話をされた」「勝手に意思決定をもちかけた」と思われてしまうかもしれません。

雑談のついでに「実はこういう能力を身につけたいと思っているんですよね」「このスキル、ウチの部に必要だと思うんですよね」と自身の思いを部長に聞いてもらう。

これなら嫌味もありません。非公式な場で、ついでに話をしてみる。これも一つのコミュニケーション戦略です。

「勝手に他部門を巻き込んで話を進められた」

この軋轢もできることなら避けたいですね。他部門の人を味方につける場合も、もっていき方が重要。

たとえば、他部門の部門長に話をして、部課長会議でその部門長から正式に要望してもらう。このように、あなたが敵にならないような戦略を立ててアプローチしていきたいものです。

解決策

解決したい課題は何か？

組織に人材育成や能力開発への投資を促す場合、**「目的」**と**「内容」**と**「大義名分」**が重要です。この3つの合意が得られなければ、組織はわざわざ目に見えにくい育成活動に時間やお金を投資しようとは思わないでしょう。

まずは目的を言語化し、関係者（決裁者など）と景色合わせをしましょう。人材育成や能力開発への投資の目的とは何か？　ズバリ、組織の課題を解決することです。

一口に組織といっても、全社レベルなのか、部門単位なのか、チーム単位なのか粒感はさまざまですが、どのレベルの課題設定が相手に刺さるかは対話してみないことにはわかりません。全社レベル（経営レベル）の課題、部門レベルの課題、チームレベルの課題、それぞれのレベルでの課題の可能性を想定してみましょう。

〈全社レベル（経営レベル）の課題の例〉

・イノベーション力強化
・利益率向上
・生産性向上
・ダイバーシティ推進
・エンゲージメント向上
・人材採用・定着強化
・ワークスタイル変革
・ESG、SDGs

〈部門レベルの課題の例〉
・付加価値の増大
・長時間労働の削減
・中堅人材のマネジメント力強化
・業務品質の向上
・会議の効率化

〈チームレベルの課題の例〉
・仕事の属人化の解消
・ジェネレーションギャップの解消
・育休社員への対応強化
・仕事の手戻りの解消
・オペレーションミスの削減
・人手不足の解消

このような課題を想定して、共感する人を見つけ、「その課題を解決するために」人材育成や能力開発が必要であることの理解を得る。または今までの仕事のやり方を変える必要性を認知してもらう。育成に投資するための大義名分を一緒に考えてもらう。

そのためには前述の通り、対話をする相手を変えてみるのも一考です。

解決策

どんな能力が必要か？

その課題を解決するためにどんな能力が必要か？　組織やあなた（たち）に足りていない能力を言語化しましょう。

目先の課題を解決するための知識や技術の習得も重要ですが、私はそれ以上に今の日本の多くの組織には、**主体的に問いを立てて、主体的に関係者を巻き込んで、主体的に答えを出していくための能力と経験が足りていない**と感じています。

率直に言えば、ディスカッションをして自分たちなりの答えを出すスキルと経験が圧倒的に足りていない（またはその能力を持った若手や中途採用の人がいても、意思決定層が潰してしまう）。

そのトレーニングを積んでいかなければ、イノベーションもＤＸもいつまでたっても絵に描いた餅でしょう。なぜなら、イノベーションもＤＸも今までのやり方を主体的に変えていくマインドとスキルが求められるからです。

ディスカッションをして自分たちなりの答えを出すスキル。まだふわっとしているかもしれないですね。私は、次の能力が必要だと考えます。

・傾聴能力（相手の話を聴いて）

・プレゼンテーション能力（自分の考えを伝えて）
・ロジカルシンキング（論理的に考えて議論して）
・クリティカルシンキング（多様な角度から検討して）
・ファシリテーション能力（チームの発言を引き出してまとめて）
・意思決定能力（自分たちなりの答えを出す）

ここまで能力の定義を具体化すれば、インターネットで検索して知識体系や、研修、書籍などを探すことができ、具体的な行動に移すことができます。

解決策

マネジメントのあり方をアップデートする

さらには、マネージャーのマネジメントの考え方そのもののアップデートもそろそろ必要です。繰り返しになりますが、統制管理一辺倒のスタイルはもはや賞味期限切れ。良かれと思って（あるいは、そのやり方しか知らないため）、言われたことだけやれの指

業務によってマネジメントのあり方も違う

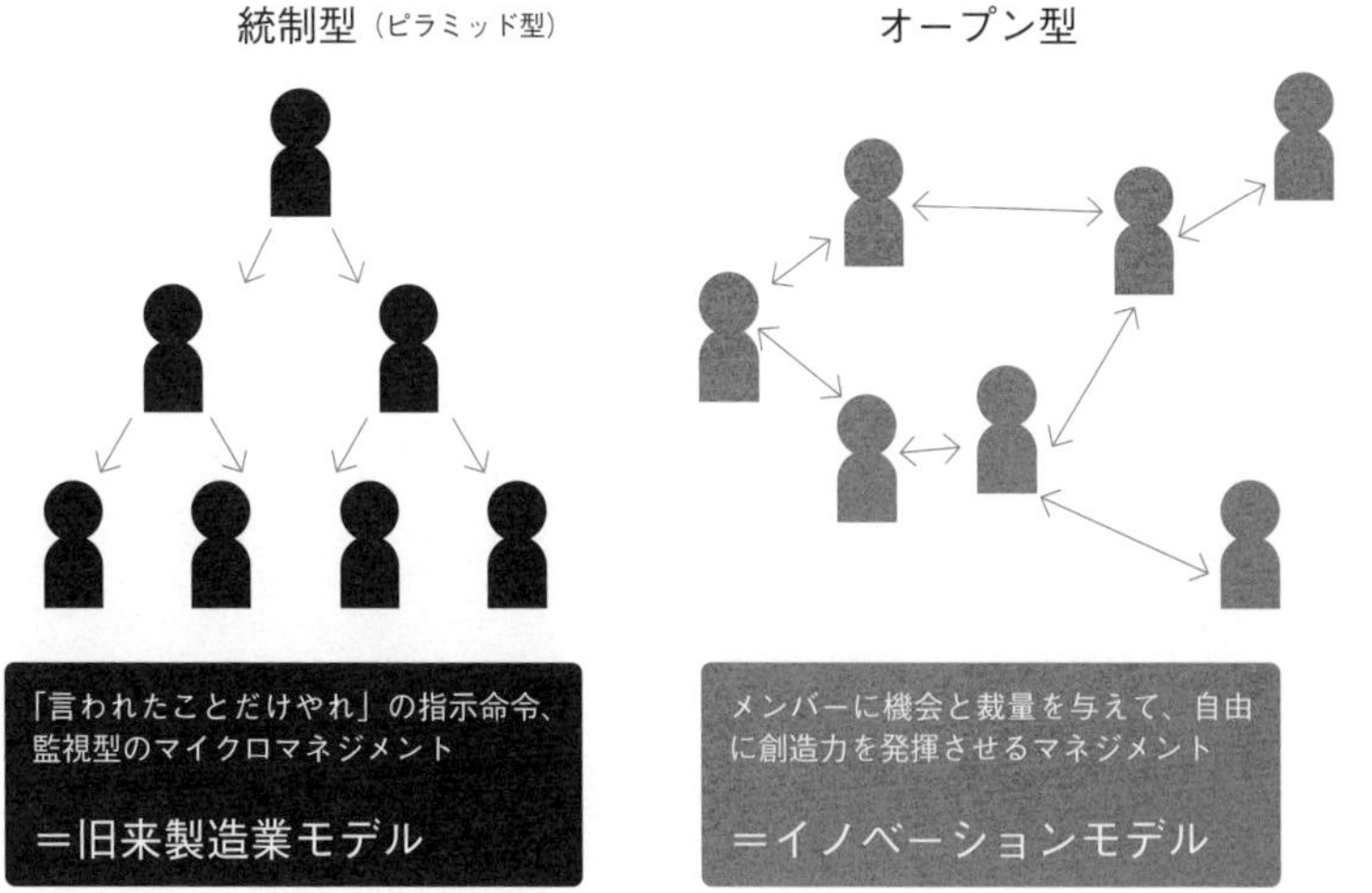

統制型（ピラミッド型）
オープン型
「言われたことだけやれ」の指示命令、監視型のマイクロマネジメント
＝旧来製造業モデル
メンバーに機会と裁量を与えて、自由に創造力を発揮させるマネジメント
＝イノベーションモデル

示・命令をし、メンバーは思考の機会を奪われ続ける。監視型のマイクロマネジメントで、メンバーは思考を分断される。仕事に集中できなくなる。

量産型の製造現場であれば、そんな旧来のやり方も合理性があるかもしれません。しかし、**創造性を必要としたり、今までにない価値を生む仕事においてはいかがでしょうか？**

そもそも機会を与えなければ思考することができませんし、ある程度の余白や裁量がないと良い発想も生まれにくく、作業への集中もしにくくなります。

というわけで、メンバーの失われた（奪われた）思考力を取り戻すためにも、私たちは部分的にでも、統制型の管理からオー

これからの時代のマネジメントとは?

	統制型（ピラミッド型）	オープン型
体制・環境	トップダウン型	コラボレーション型
行動様式	ルールありき	ビジョン / ゴールありき
マネジメント	統制管理型	権限移譲型
原理・原則	削減主義（コスト削減・時間削減）	創造主義（新規価値・余白）
コミュニケーション	報連相	雑相（ザッソウ）
情報共有	クローズ・逐次共有	オープン
制度・風土	横並び主義 失敗を許さない	違いを認め合う / 活かす トライ&エラーが評価される
学習スタイル	「経験学習」（OJT）重視	「越境学習」重視
仕事の進め方	ウォーターフォール型	アジャイル型

プン型のマネジメントに、管理のあり方そのものを進化させなくてはなりません。

・統制型の管理

上から降りてくるテーマに対し、上や組織が正しい前提で、すべてのメンバーが同じ行動をすることで、上が満足する100点の答えを出させるモデル。

・オープン型のマネジメント

全体のビジョン・ミッション・バリュー・パーパスのもと、メンバーが自ら問いを立て、解決または実現する能力や意欲やヒントを持っている組織内外の人と素早くつながり、素早くトライ&エラーをし、自分たちなりの答えを出していくモデル。

いずれのやり方にも合理性があり、どちらかだけが正しいというものではありません。量産型の製造現場や軍隊組織など、上から言われたことを正しくこなす／こなさせるモデルが合理的な組織においては、統制型の管理を続ければよいでしょう。

一方で、同じ組織においても職種によってはオープン型のマネジメントを取り入れたほうが成果が出る領域においては、「コミュニケーションのやり方はフラットに」など、部分的にでもオープン型のほうがよいケースも間違いなく存在します。

マネージャー、経営層それぞれが「これからの時代に求められるマネジメントのあり方とは」を議論および認識し、正しく進化していきましょう。

解決策

まずは半径5m以内の課題解決から

とはいえ、どんなにメンバーが思考する環境を整備しても、発揮する場がなければ宝の持ち腐れ。

「やっぱり研修なんて受けても意味がないし時間の無駄」
「オープン型のマネジメントに変えたところでメンバーが調子に乗るだけ」

こんな黒歴史が組織の中に生まれて、二度と育成に投資しない組織文化が形作られてしまいます。

まずはあなた（たち）の半径5m以内から、すなわち**現場の課題解決レベルから、思考を始めてみてください。**自分たちで主体的に問いを立て、自分たちでディスカッションし、自分たちで（もちろん、他者のサポートを主体的に借りるのはアリ）解決する小さな成功体験を創りましょう。

・仕事の手戻りを減らすために、業務プロセスを改善してみる
・顧客への納期と見積回答をするリードタイムを短縮するために、情報共有の仕方を変える
・育休取得者の引継ぎと復職がスムーズに行えるよう、Teams や Slack などのグループウェアを使ったコミュニケーションに変える
・気合・根性型の電話と訪問営業を改め、部分的にデジタルマーケティングを試してみる
・会議の手間と時間を削減するため、オンラインミーティングやチャットミーティングを

試してみる
・紙・ハンコの書類を減らす

小さなことから、目先の不便を解決することからでも構いません。**大げさな成功体験を1年かけて生み出すより、小さな快感体験や成長体験を1カ月で生み出す。**そのほうが、育成や成長の意義、変化することの意義を体感しやすく共感を得やすいものです。

解決策

交換条件でもって、育成への投資を促す

そうはいっても、目先の仕事で忙しい職場であれば、あるいは危機感のない職場であれば、すぐ成果が出るとは限らない（そして何の役に立つかイメージしにくい）育成への投資には及び腰になりがち。

であれば、あなたから交換条件を提示してみてはいかがでしょう？

「今期の売上目標を達成したら、この研修を受けさせてください」
「作業時間を減らしますから、その浮いた時間で新たなチャレンジをさせてください」

目先の仕事の品質は下げない、または目先の仕事の課題は解決する。その代わり、新たなことに取り組ませてくれ。学習に投資してくれ。このアプローチはあながち乱暴ではありません。

そこまで言っても経営陣や管理職が難色を示すようであれば……。そのときは、組織に見切りをつけて転職するのがよいかもしれません。

「だめだこりゃ、次いってみよう」

そんな感じで。

解決策

ロールモデルは中にいなければ外に求める

同じ組織にロールモデルがいない場合は？　そのときの打ち手は3つです。

①あなたが最初のロールモデルになる
②外からロールモデルを呼んで参画してもらう
③他組織のロールモデルとつながって相談する

ロールモデルがいない。ならばあなたが最初のロールモデルになりましょう。そのほうがカッコイイです。

とはいえ、その勇気が出なかったり、周りから潰されてしまうリスクが大きい場合は、他社の経験者を中途採用したり、専門家にお金を払って顧問やアドバイザーとして組織に参画してもらうのがよいでしょう。

あるいはそれこそ第1章で紹介したように、越境して（他部門、他社、他業種、他地域の人たちと交流して）他の組織で同様の悩みを抱えている人、同じ立場にある人、既にあなたの悩みを経験して克服した人とつながってヒントやアドバイスをもらったり。ともに悩み、ともに励まし合い、ともに前進していきましょう。

中にないものはない。だったら、外に答えやヒントを求めましょう。だから、ないものはないんですってば。

第3章

窮屈な「評価・人事制度」をどうする？

評価や働き方などの人事制度は、その組織に属する人の思考や行動を左右する、大きなファクターといっても過言ではありません。最近では、変革を後押しすべく、メンバーや意思決定層の固定観念の解放や学び直しを意味する「アンラーニング」「リスキリング」に投資する企業組織も増えてきました。

こうした取り組みをとりまとめる人事部門も、その立ち位置、マインド、能力をアップデートしていかないと組織全体が停滞からの衰退の道を進みます。

賞味期限切れを迎えつつある日本の人事制度、
どこから変える？　どこからアップデートする？

問題点

01

100点主義

ミスは許さん

神は細部に宿る

日本の旧態依然の「生真面目な」組織に根強いカルチャーの一つが、100点主義です。

・ミスや失敗を許さない
・言われたことを完璧にこなすことだけが求められる
・チャレンジが評価されない

そのような文化の組織は少なくないのではないでしょうか。自発的な社員がせっかく良い改善提案や、新規事業の企画を出したとしても、

・提案書の「てにをは」をチェックされ再三の書き直しを命じられる
・新たな方法にリスクがないことの説明を求められる
・「前例がない」と却下される

まるで批評家や評論家のように、マイナス評価や「ゼロの証明」（ミスやリスクがないことの説明を相手に求める行為）を浴びせてくる。「**ツッこむところそこですか？**」と言いたくなるような、本筋とはおおよそ関係ない些細なミスを指摘してくる。

さらにそれを指摘すると、「**些細とは何事だ！　神は細部に宿る。ミスをするということは、手を抜いている証拠だ**」などと意味不明な逆ギレをしてくる。これでは、主体的に（あるいは組織のためを思って、善意でもって）提案した人、チャレンジしたい人はやる気を奪われます。

断言します。ミスを許さない文化と、イノベーションやトランスフォーメーション（変革）はちゃんちゃら相性が悪い。なのに、重箱の隅をつつくような人たちが、イノベーションやトランスフォーメーションをしようとする人の揚げ足を取って水を差す。なんともおかしな話です。

問題点

02

ミスをすると減点評価

言われたことを完璧に

変えてミスしたらどうするんだ

チャレンジするのが「無理ゲー」の世界

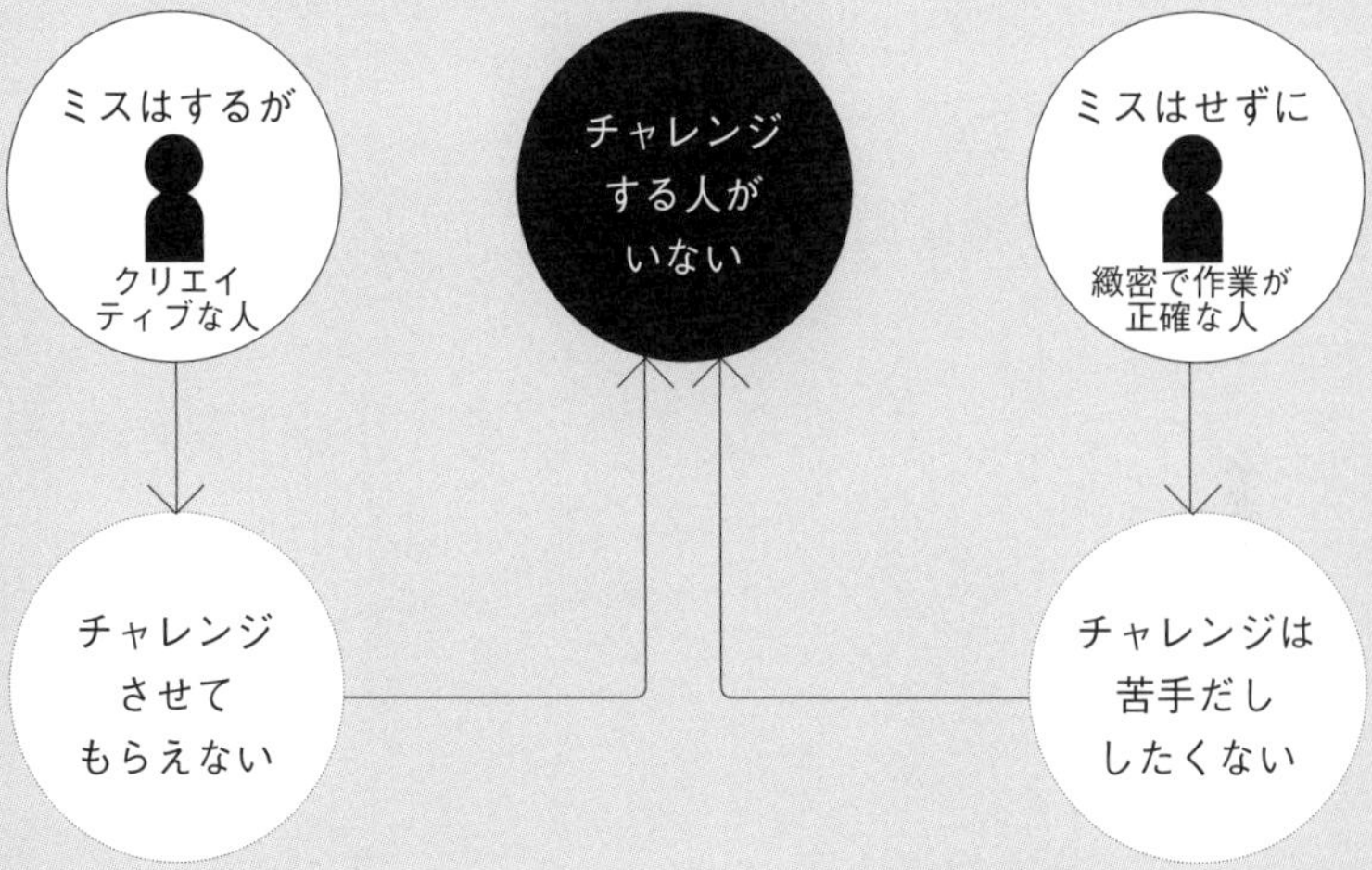

「新たなアイディアを提案してくれるのはよいんだけれど、**まずは今の仕事を完璧にこなそうね。**稟議書の言葉の言い回しが不適切だし、そもそも昨日出してくれた別件の報告書の数字も間違っていると思うんだけれど……」

このように、目先の仕事をミスなくこなせることが一人前であることの条件。そして、一人前でなければ提案する権利も、チャレンジする資格も与えられない。

ところが、ミスなく正確に仕事をこなせる人が、チャレンジするマインドがあるかといえば必ずしもそうではない。

また、チャレンジマインドがある人ほ

ど、言われたことを丁寧にこなすのは苦手だったりする。

いわば「無理ゲー」状態。これでは、スピード感をもって新たなものごとにチャレンジする人がいなくなってしまいます。官公庁など、文字通り官僚的な組織はなおのこと、この「無謬性」がチャレンジや変革の足かせになっているのは間違いありません。

今までのやり方を変えたり、新しいことを始めるときには必ずリスクが伴います。ミスをすると減点評価。その評価制度の組織においては、たとえ改善や変革をしたい推進者がミスを恐れなくても、周りがそれを許しません。

「慣れたやり方を変えて、100点を取れなくなってはたまらない」
「新しいやり方。ミスをしたらどう責任取ってくれるんだ」

こうして、あらゆる言い訳をして今までのやり方を正当化、および元のやり方に戻そうとします。

特に製造業、金融機関、行政など「無謬性を重んじる」「皆と同じ行動をとる／とらせることを良しとする」合理性が強かった組織においては、その傾向が強いと感じています。

問題点

03

懲罰人事、報復人事

上司に口答えするな！

それみたことか

加えて悩ましいのが、レガシーな大企業で暗黙に（かつ、あからさまに？）行われてきた懲罰人事。

・失敗したら島流し（左遷的な異動、出向、転籍）
・意思決定者や既得権益を持つ人たちの機嫌を損ねたら、ハシゴをはずされる

このような、ある意味陰湿で姑息な人事制度を放置しておいて、「改善せよ」「改革せよ」と経営トップが叫んだところで現場は動きません。

いや、事情を知らない無邪気な新人や中途入社で思いを持った勇者は、果敢に現状打破の声をあげるかもしれません。ところが、現状を変えたくない抵抗勢力や、「事なかれ主義」のマネジメント層に行く手を阻《はば》まれる。

挙句、うまくいかずに、「それみたことか」と批判されそしてハシゴをはずされる。

こうして意志ある勇者が次々に無力化されていく。これでは、思考して行動する人たちがどんどんその組織から遠ざかります。または、本来は思考能力も、行動能力もあるのに、物言わぬおとなしいキャラを決め込んでしまいます。

「ルールなんだから従え」
「顧客が言っているのだから黙ってやれ」
「上司に口応えするな」
「逸脱したら減点、または評価不能（0点）」

理不尽な言い分や、もはや時代錯誤だろうと思われる「バグ」だらけのルールや慣習も、正当化されてしまう。**恐怖のカルチャーで押さえつけ、個が思考する習慣も意欲も奪ってしまいます。**

問題点

04

重鎮に甘い

意見を聞いてもらえない

働かないおじさんがいっぱい

とはいえ、主体的な思考やチャレンジをさせたがらないマネジメント層、思考をあきらめてしまった人たち、変化に抵抗する人たちにも言い分があります。

組織は、声の大きい役員や部門長やベテラン、うるさ型の部門の意見に甘い。社歴の長いネイティブやプロパーの意見や行動を優遇する。新入社員や若手、中途入社の人などの声が通らないし、評価されない。

これでは、メンバーにチャレンジさせても、結局は無駄な骨折りになってしまうのです。こうしてその組織がいわば**「年長者や原住民だけに居心地の良い仲良しクラブ」**と化していきます。

加えて、程度の差こそあれ、今でも大枠では守られている年功序列。ある意味で重鎮に甘い組織構造の裏返しでもあります。

社歴の長い人、組織の指示に忠実に従い続けてきた人が出世し、権力を持つ。報酬も多い。いわゆる昭和のおじさんやおじいさんたちに権限が集中してしまい、その組織にない専門性や、新たな価値観を持つ人がエンパワーメント（※5）されず正しく活躍できません。

問題点 05

短期的な成果しか評価されない

この四半期の成果は？

とにかくチャレンジして

改善も変革も、あらゆるチャレンジは成果が出るまでに時間がかかることがあります。

ITシステムの導入プロジェクトを想定するとわかりやすいでしょう。構想を練り、企画をし、要件を決めて、開発をし、運用設計をしていざ運用を開始するまで1年、2年、規模によっては3年以上かかることもあります。

DXや組織風土改革などの変革も取り組みも、1年やそこらで成果を出すのは困難でしょう。大きな組織であればあるほど、かつ内向きな組織であればあるほど、人の行動や意識を変えるには時間がかかります。

にもかかわらず、短期的な成果しか評価されない。単年度、四半期単位で残した定量的な成果がすべて。

これでは、中長期の変化や成果を出す仕事に就いている人のモチベーションも下がって当然。控えめに言って**「やってらんないっすよ」**。

年度単位や四半期単位での成果を追い求める、株主・投資家などの期待に応えるべく(あるいは圧力に抗《あらが》えず)、短期的な数字だけしか評価しない組織カルチャーが色濃くなっている面も否めません。

また、変革が求められるあまり、いつしかチャレンジすること自体が目的化してしまう「過度なチャレンジ主義」も考えものです。

「チャレンジを推奨します」

「今までと同じことをやっているだけでは、評価されません」

(注5) エンパワーメント=力を与えること。権限移譲、能力開発など、個人や組織が持つ能力を引き出すこと。

そこまではまだよいのですが、なぜか余計な仕事を増やす人が増えてくる。

・チャレンジしているふりをするために、誰のためにもならない業務を増やす
・新たな管理・間接業務を増やす

特に生真面目な組織の、生真面目な管理部門は、チャレンジを推奨すると余計な仕事を増やす傾向にあるようで、これまた組織全体をおかしなことにします。イノベーティブな案を募集！　はいいのだけれども、「役員への報告会や報告書作成業務を無駄に増やす」、コミュニケーションを良くする！　ために「飲み会を乱発する」など、あるあるです。

短期的なKPIで縛ろうものなら最強。年単位、あるいは四半期単位で無駄な仕事がみるみる増殖します。**「生真面目な組織 × チャレンジ推奨 × 短期的なKPI」**この掛け算が織りなす悲劇の協奏曲といったらもうね……。

問題点
06

不適材不適所

あのポジションって、何してるの？
ウチにこんなのできる人いた？

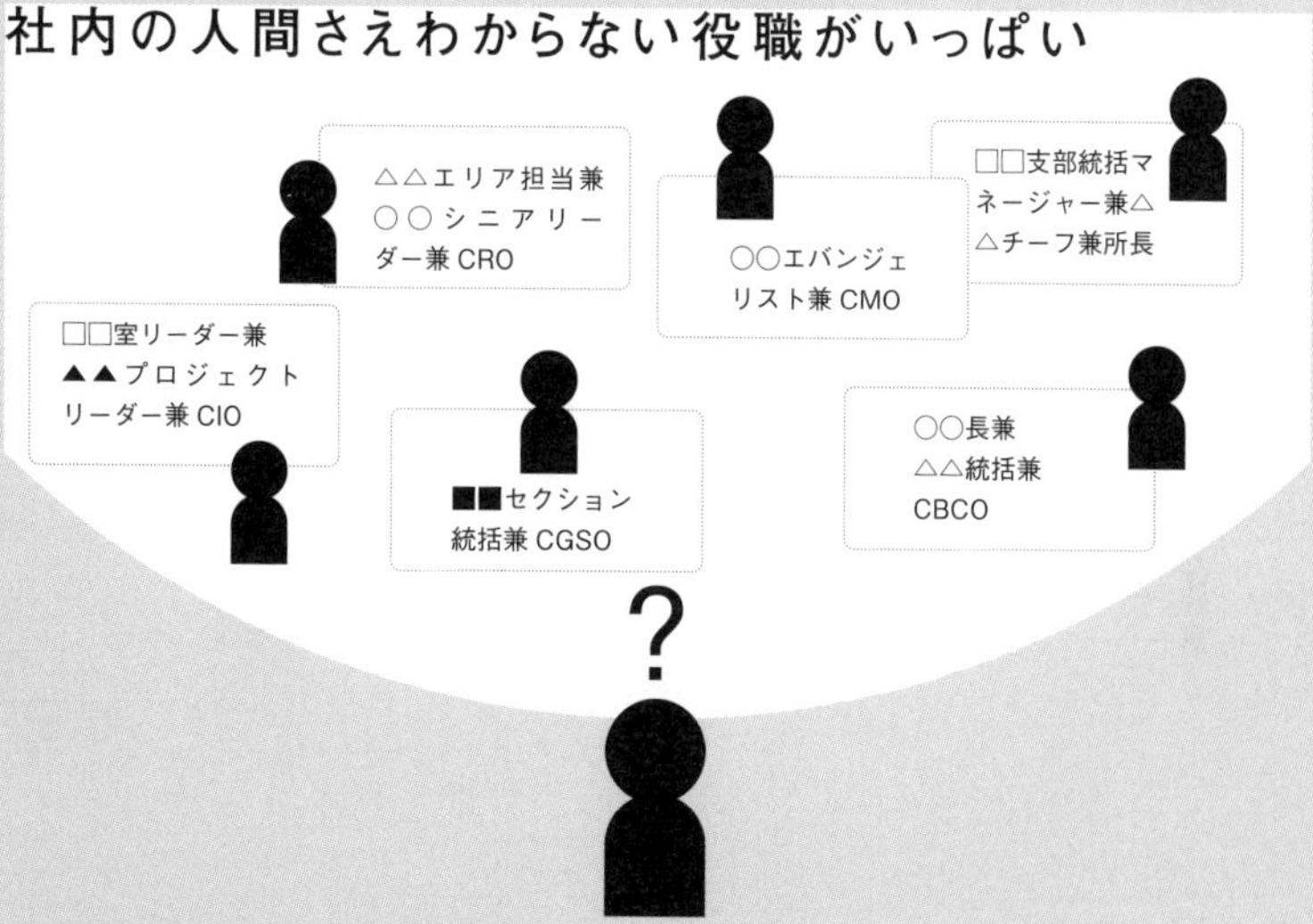

不適材不適所。あまりにひどい状態が続くと組織を思考停止、行動停止に陥らせますし、メンバーの組織へのエンゲージメントを下げます。

・アリバイ作り程度のＣＸＯ創設
・過度な「内製主義」。中の人だけでやろうとする

最近は、ＣＩＯ（Chief Information Officer）、ＣＭＯ（Chief Marketing Officer）、ＣＴＯ（Chief Technology Officer）、ＣＦＯ（Chief Finance Officer）などいわゆるＣＸＯを創設する企業も増えてきました。

今までとは異なる専門領域や役割、たと

えばＩＴやマーケティングなどの専門家を組織の中核に据え、専門性の高い思考や行動を組織で促す取り組みとしては良い傾向です。

一方で、アリバイ作り程度にＣＸＯ職を創設しただけ、まるで機能していないどころか「ＣＸＯ飼い殺し」さながらの組織も散見され、なかなかモヤモヤします。

・従来の役員が兼任で着任しただけの「片手間ＣＸＯ」
・役員同等の権限もなければ、ボードメンバーでもない「名ばかりＣＸＯ」
・重鎮にポジションを与えただけ。何の専門性もない「お飾りＣＸＯ」
・意思決定の階層が増えただけ。余計な差戻しを増やすだけの「ブロッキングＣＸＯ」

ＣＸＯに限らずこのような形だけの役職創出や、あさってなアサインメントは、本気で仕事に取り組みたい人たちのエンゲージメントを下げます。無力感を増やすばかり。

加えて、過度な内製主義も問題です。ＤＸなどの新規領域に対して、すべて内製（自前）でなんとかしようとする。新技術や新しい領域の知識やノウハウなど、組織の中にないものはないのです。

だったら、外の力を借りたほうが、少なくとも初期の立ち上げは早いです。だから、中にないものは、ないんだってば！

問題点
07

人事部門がチャレンジしない

勝手にやらないでください

許可していません

最後にズバリ。人事部門が思考停止している。新しいことにチャレンジしよう／させようとしない。

・従来の延長線上の採用、異動、労務管理、育成しかやろうとしない。「オペレーション人事」

・人事部門自体が、新しいことにチャレンジした経験や能力がない

・経営陣や各部門長と対話や議論をしようとしない

・抵抗勢力に忖度して、古い人事制度を改めようとしない

挙句の果てには、

・自発的に変革や育成に取り組もうとする事業部門の邪魔をする

いつまでたっても人事が動いてくれない。たまりかねた事業部門が、自発的に変革や育成などに取り組もうとすると、「越権行為だ」「勝手にやるな」とプライドの高い人事部門が拗《す》ねて邪魔をする。

いや、自分たちでやりたいのはわかります。自分たちの手柄にしたいのもわかります。でもね、さすがにそのような「こじらせ」は子どもっぽすぎやしないでしょうか？　要は、人事部門の人たちが変わる覚悟がない、変える覚悟がないのです。

とはいえ、人事部門の人たちとてサラリーマン。覚悟を求めるのは酷かもしれません。実際、人事についても事業部門が主導権を持ち、「オペレーション」以外はやりづらい、という組織もあるでしょう。しかし、現状に安住している人事部門は組織の「要らない子

たち」になってしまうかもしれません。

いかがでしょう？　あなたの組織の人事部門は変革のストッパー、改革のボトルネックになっていませんか？

「で、どこから変える!?」
ムリすぎる。**スタックした評価や人事制度**

これまでの組織の合理性に最適化されてしまった
人事制度、評価制度、ひいては人事組織。
変えるのは一筋縄ではいきませんが、
千里の道も一歩から。

さて、どこからどう風穴を開け、
組織と人々を行動変容へと導きましょうか?

解決策

まずは経営陣の認識アップデートが急務

人材のアンラーニングやリスキリングの必要性が、人的資本経営（後述）やDXの文脈でも盛んに叫ばれていますが、私はこと日本の組織においては、経営トップや役員などの**意思決定層こそアンラーニングとリスキリングが必要かつ急務であると確信しています。**

なぜならこれらの意思決定層は、組織における影響力が強く、カルチャー変革や組織全体の行動変容のボトルネックになりやすいからです。

どんなに人事部門が頑張っても、現場の思いある人が主体的に思考し、組織のために変革しようと頑張っても、経営陣のマインドが変わらなければ暖簾《のれん》に腕押し、糠《ぬか》に釘。

私の知り合いの鉄道会社の経営者は、テレワークできる職種があるにもかかわらず、テレワークに否定的、それどころかＩＴツールを知ろうとも使いこなそうともしない役員を退陣させたそうです。

そうしないと、若手や女性などの新たな働き手や、これからの組織の担い手となりうる中核人材が入らないし定着もしないからです。未来志向、かつ健全な経営判断と言えるでしょう。

本来、人事部門には役割を終えた経営陣に「ダメ出し」するくらいの強権を発動してほしいものです。とはいえ、人事もサラリーマンですから、なかなか経営陣に強いことを言えないですよね（苦笑）。わかります。

幸いなことに、レガシーな組織、同調性の強い組織ほど意思決定層は「他社事例」が大好きです。

「他社はどうやっているの？」
「前例はあるの？」

これらが口癖の経営者や役員には、ここぞとばかりに、他社の先進事例を投げ込んでみてはいかがでしょう？

経営陣への直球勝負が憚《はばか》られるのであれば、外部の専門家を呼んで講演してもらう、外部顧問に話をしてもらうのもありでしょう。私も昨年から、ある大企業の人事部門の顧問として人事制度や施策についてあれこれ物申していますが、「外の人の言うことだから」聞き入れられる、受け入れられるシーンに幾度となく遭遇しています。

解決策

人事評価制度にバリエーションを

同じ社内や業界内であっても人事制度にバリエーションを持たせていきたいものです。

決められた計画やルールに従って忠実かつ正確にものごとをこなすことが期待されるオペレーション業務と、ときに今までのルールや常識を疑って改善をしたり、新たな価値創出をもたらすことが期待されるクリエイティブおよびイノベーティブな業務では、適する評価制度も、マネジメントも、特性や能力も、働き方さえも異なります。

どちらが良い悪いではなく、特性の違いです。「勝ちパターン」が異なるだけであり、**どちらも正しい**のです。

にもかかわらず、「同じ会社だから」「同じ業界だから」「現場と不公平だから」と、一律のルールで縛って、あるいは同調圧力でもって同じやり方を強いるのはそれこそ組織の思考停止ではないでしょうか。

極端な話、オペレーションが評価される組織と、イノベーションが評価される組織ではまったく別の会社にしてしまったほうがよいとさえ思いますが（実際にそうしている企業もあります）、現実的にはなかなかそうもいかないでしょう。

- オペレーションが求められる職種と、クリエーションやイノベーションが求められる職種で評価制度を変える
- 働き方の選択肢を増やし、職種ごと、個人ごとに「勝ちパターン」を主体的に実践できるようにする
- 不公平感は「職種が違うのだから違って当然」の説明を繰り返す、または手当などで解消する

このように評価と合わせて働き方にも自由度をもたせたいところです。

実際にテレワーク可能な部署は率先してフルリモートワークや、テレワークとオフィスワークを組み合わせたハイブリッドワークを可能に。人材採用も全国居住地関係なく行い、能力や意欲のある人を採用しつつ、出社が必須の部門においては出社手当を出すことで不公平感を緩和している土木建築業や製造業の企業もあります。

手始めに、トライアルで1~2部署から人事評価制度や働き方を変化させてみるのもありではないでしょうか。

「職種が違うのだから、勝ちパターンは違って当然」

むしろ同じ職種なのに、会社組織や業界が変わると評価や働き方が違うことに不公平感を抱くくらいのカルチャーを徐々に創っていきましょう。

解決策

リスキリングに投資しよう

人事評価制度を変えるだけでは不十分。新たな人事評価制度のもとで、メンバーが新たな「勝ちパターン」を実現できるようにするためにも、企業組織はリスキリングに投資をしましょう。

どんなスキルが必要か。第2章を振り返りながら定義してほしいですが、

①デジタルワークスキル
②デジタルベースの新たなコミュニケーションスキル
③マインドシフト（統制管理型からオープン型へ）

この3つのスキルとマインド実装は最低限必要ではないでしょうか。

リスキリングで最低限必要な「3つの要素」

とりわけ、関係人口が多い大組織であればあるほど、旧態依然のアナログかつ煩雑な仕事のやり方、賞味期限切れした古いマインドで仕事をされては、多くの人たち――顧客、取引先、地域住民などに多大な迷惑がかかります。

大組織に合わせて、皆で仲良く前時代的な仕事をさせられる。それではマインドもスキルもアップデートされないですし、国力も低下します。

人的資本経営の必要性が世界規模で叫ばれる昨今、企業組織の人材アップデートへの投資は企業の社会的責任でもあります。そのくらいの責任感を持って、企業組織はリスキリングに投資しましょう。

また、この本をお読みの皆さんは、自分の所属する組織にリスキリングに投資させてください。

そのためには、**各部門長とも連携して、現場からも身につけたいスキルについてヒアリングをしてみてください。**組織とそこで働く人たち、その組織に関わる人たちを健全にアップデートする。その指揮を執ることができるのが人事部門であり、人事部門ゆえの価値なのです。

解決策

越境学習をすべての人に

日頃勤務している会社や職場を離れ、まったく異なる環境に身を置き働く体験をしたり、そこから新たな視点や学びを得る学習方法が越境学習です。

企業組織は、越境学習および越境体験を積極的に取り入れてください。越境は組織のイノベーションを後押しするプロセスとして注目されており、最近では経済産業省も「越境学習プログラム」を提供するなどして積極的に推奨しています。

第1章でも触れましたが、同質性の高い組織にどっぷりつかってしまった人たちほど、悪気なく世間知らず、時代遅れになり、思考停止・行動停止しがちです。越境を通じて外を知り、違和感を持つことで、組織をアップデートする原動力が生まれるのです。

そのためには、**越境を「一部の選ばれし勇者のためだけの選択肢」にするのではなく、なるべく多くの人が体験する「あたりまえの業務プロセス」にしていかなければならない**でしょう。そうでないと、せっかく越境をして自組織の課題に気づいたり、変える意欲を持った人が、大多数の井の中の蛙の抵抗勢力に潰されてしまいます。

越境学習、越境体験が、海外留学や他企業への出向のような一部の人だけが味わうことのできる特権になってしまっていないでしょうか？

- 官公庁や民間企業が提供する越境学習プログラムに参加する
- 社内複業（※6）を取り入れてみる
- 複業人材を登用し、外の風を取り入れる

（注6）複業＝複数の業務を担う働き方。どちらかが主である副業とは異なり、いずれも同等に取り組むワークスタイルのこと。パラレルキャリア。

・他社との合同プロジェクトを始めて参加してみる
・企業内、または異なる企業間で管理職同士のワークショップをやってみる
・ワーケーションなど、働く景色を変える取り組みを始めてみる
・今までとは特性や職種の異なる人を入れてみる

このように、日常的に行っている業務や、課題解決の枠組みで取り入れることのできる越境の選択肢はたくさんあります。

今までとは異なる特性や職種の人を試しに入れてみたら、意外な方法で積年の問題や課題が解決することもあります。**事務職10名の職場で、ITエンジニアやデザイナーに加わってもらったら、今までの困りごとが仕組みで解決した。**「時間があったらやりたい」と思っていた課題の解決が進んだ。このような変化は珍しくありません。

解決策

出戻り、OB／OG、越境者を歓迎する

越境者を歓迎して「風通し良く」

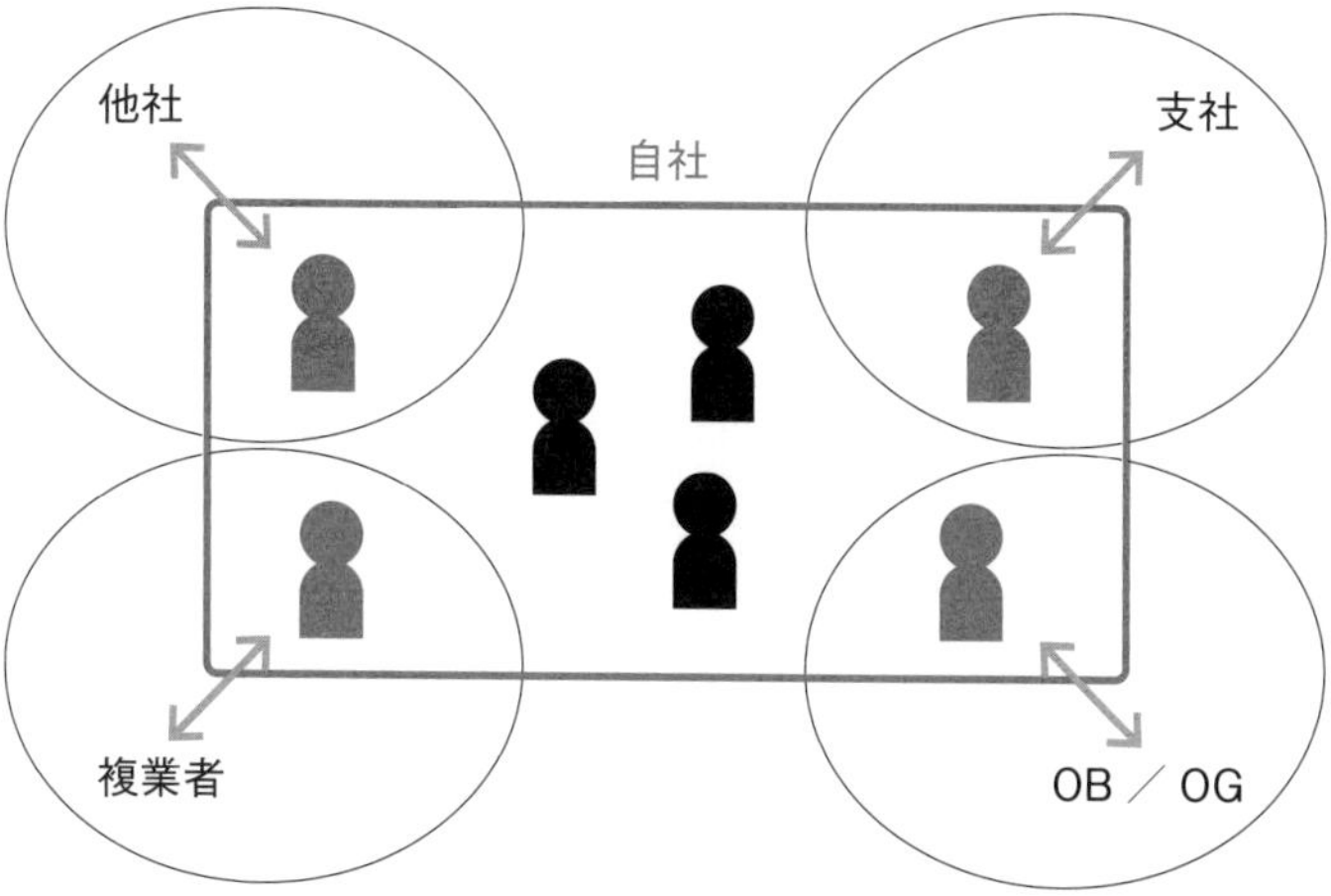

越境体験を管理職登用の前提条件にする企業も出はじめています。

三井住友海上火災保険は、出向や社外の副業など「外部での経験」を管理職に昇進するための条件にすると発表しました。越境体験が、組織変革とイノベーションに不可欠である意識と決意の表れでしょう。

その企業を辞めたＯＢやＯＧとの連携を目的に、アルムナイ（卒業生の意味）コミュニティに力を入れる企業も増えてきています。

一昔前であれば、自己都合で退職した社員は「裏切り者」とさえとらえていた企業も少なくありませんが、いまやその考え方は思考停止であると言えるでしょう。

自社のカルチャーや仕事の進め方をよく

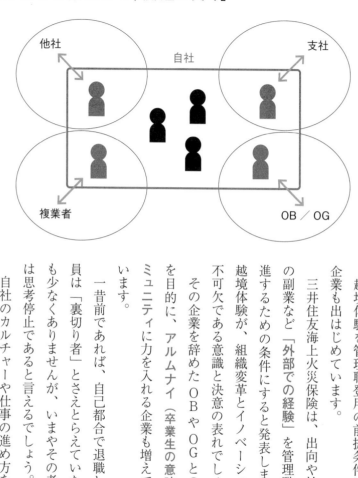

わかっている卒業生が復職して第一線で活躍したり、顧客や投資家やビジネスパートナーとして、すなわち自社のファンとして寄与してくれる可能性もあります。卒業生が活躍することで、その企業は人材輩出企業としての評価も上がります。**優秀なＯＢやＯＧを輩出する企業には、優秀な人が集まります。**

こうした組織は「外の風」も入りやすく、ゆえにハラスメントや隠ぺい体質を遠ざける効果もあります。人材の流動性を高めることで、企業組織のコンプライアンスのリスク、ガバナンスのリスクを下げることもできます。

実際、外資系企業の中にはそうして人材獲得力を高めつつ、高利益なアウトプットを出し続けている企業も少なくありません。**ブランド企業**とは、そういうことです。

もちろん、越境を経験して組織に戻ってきた人が正しく活躍できるようになるためには、マネジメントのやり方を変える必要もあります。

「今までの俺たちのやり方が正しい。俺たちに合わせろ」では、せっかくの越境体験もたちまち無力化されますし、組織のカルチャーも行動も変わりません。仲間になってくれたファンが、アンチになって去っていきます。

越境学習での学びや、越境体験の成果を組織に活かすには、管理職などマネジメント層のリスキリングも必須です。

解決策

社員の成功体験をデザインする

人事部門の人たちは、あるいは現場の管理職は、社員やメンバーに「自分たちで変えることができた経験」を創らせてください。

・育休復帰者のキャリアについて、社内横断で当事者同士のディスカッションをしてもらい、育休復帰者が活躍しやすい制度を創った
・オフィスの働きやすい仕掛けを、社長がお金を出して社員自ら考えてもらい、社員が好きなように整えてもらった

このように、小さなことからでも構いません。

愛知県の側島製罐《そばじませいかん》は、オフィス内でＢＧＭを流す取り組みを始めました。選曲は社員

に任せ、社員は楽しそうに自分たちの好きな曲を流して働いているそうです。物品や書籍の購入のワークフローも試験的に変えました。それまでは購入の度に調達担当を通していましたが、一部を廃止。各自がクレジットカードで自由に買えるようにしてみたそうです。**自分たちの裁量で必要なものを探し、選んで責任を持って買う。**その経験を積んでもらいたいと経営者は語ります。

静岡県の老舗のねじ製造業、興津螺旋《おきつらせん》のお話。あるとき、工場内に女性専用のトイレと更衣室を作ることに。女性のねじ職人が増えてきたためです。社長はお金だけ出して、やり方はすべて女性社員に任せたそうです。女性の行動や気持ちは、男性の経営陣がいくら考えたってわかるものではない。**当事者である女性社員に考えてもらい、任せたほうがよい。**そのような判断からです。

小さなことからでも、自分たちで考え、自分たちでチャレンジする経験を創る。**社員にエンパワーメントする／される経験を増やしていく。**そこから、主体性や思考する習慣と筋力が鍛えられていくのではないでしょうか。

解決策

人材育成のトレンドに敏感になる

また、世の中の人材育成のトレンドを紐解き、自組織に足りていない能力や経験を言語化していくアプローチも、組織を変えていくには有効でしょう。

たとえば少し目線を上げた「人的資本経営」の文脈で、経営層や管理職に人材育成の必要性を訴える。人的資本経営は、今では組織経営の大きなキーワードの一つです。

人材をコストと見るのではなく、資本ととらえ育成に投資していきましょう。投資している企業を金融市場においても高く評価しましょう。

そのようなトレンドです。

経済産業省が2021年に公開した「持続的な企業価値の向上と人的資本に関する研究会報告書 ～人材版伊藤レポート～」(※7)では、こうした人的資本経営のコンテキストで、企業価値の持続的向上のための人材戦略に求められる3つの視点、5つの要素を提唱しています。〝3 perspectives, 5 factors〟の略で「3P5Fモデル」と呼ばれています。

〈3つのP〉

1 経営戦略と人材戦略の連動
2 As is -To be ギャップ（現状と理想像の差）の定量把握
3 企業文化への定着

〈5つのF〉

1 動的な人材ポートフォリオ
2 知・経験のダイバーシティ&インクルージョン
3 リスキル（リスキリング）・学び直し
4 従業員エンゲージメント
5 時間や場所にとらわれない働き方

これからの人材戦略「3P・5Fモデル」

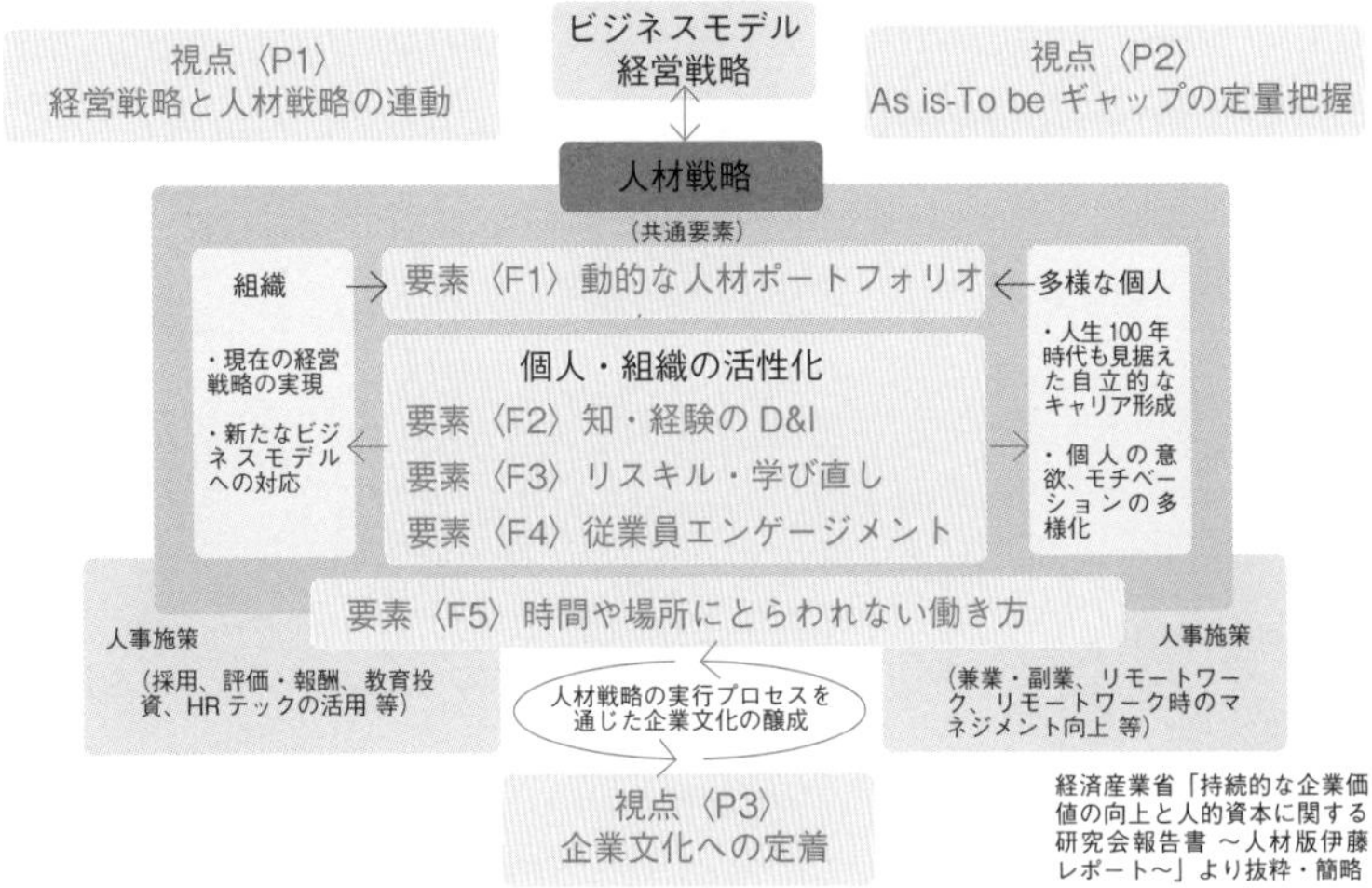

経済産業省「持続的な企業価値の向上と人的資本に関する研究会報告書 ～人材版伊藤レポート～」より抜粋・簡略

たとえば〈5つのF〉に着目し、あなたの職場でさまざまな各論が展開できるかもしれません。

「知・経験のダイバーシティ&インクルージョンとあるが、私たちの組織（部門）においてはどんな知識と経験が必要だろうか？〈F2〉」

「エンゲージメントを悪気なく下げている、ルールや仕事のやり方を洗い出して、改善に投資すべきでは？〈F4〉」

「時間や場所にとらわれない働き方で、チームのパフォーマンスを上げて仕事をするためにはどんな能力が必要だろうか？〈F5〉」

こうしたディスカッションを、経営層、管理職、現場の社員たちとしてみてはいかがでしょうか。

（注7） https://www.meti.go.jp/shingikai/economy/kigyo_kachi_kojo/pdf/20200930_1.pdf

第4章

形だけの「コミュニケーション」をどうする？

「社長は『コミュニケーションを』と唱えた！」

「しかし何も起こらなかった」

このような職場を私はいくつも見てきています。

目的を考えずに、ただ「コミュニケーションがなっていない」と嘆くだけでは、理想とするコミュニケーションは起こりにくいです。

また、統制的で高圧的なコミュニケーションしか行われない職場では、個も組織も学びの力がなかなか発揮できません。

悪気なく相手の主体性も思考習慣も奪い、改善やイノベーションを遠ざけるコミュニケーションスタイル。

どこから変える？　どこからアップデートする？

問題点

01

期待役割不明

だったら先に言ってよ

で、私何すればいいの?

誰がどんな役割を担っているのかがわからない。自分に何が期待されているのかわからない。期待役割が不明な状態では、主体的なコミュニケーションが起こりにくいです。

たとえば、30名が集まる大きな社内会議が開かれたとしましょう。会議の目的と議題は理解しているものの、**ここにいる出席者の誰がどんな役割を担っているのかがわからない。あなた自身もなぜ自分が呼ばれたのかわからない。**そのような会議で、積極的に発言や提案ができるでしょうか?

この場で何を言っていいのかわからない

↓

場違いな発言をしてしまわないか心配

←だからおとなしくしておこう

こうして参加者は皆「モヤモヤ」しながら、司会者の声だけが響く静まり返った時間を眠気をこらえて過ごすことになります。

そうかと思えば、突然意見を振られる。

司会者「あなたはどう思いますか？　意見を聞かせてください」

あなた「えっ……あ、そうですね。特に、何も……」

まさか意見を求められるとは思わなかった！　いきなり振られても、どの立場で意見したらよいかもわからないし、そもそも自分に発言権があるとは思っていなかった。こうして意見や考えが決してないわけではないのに、沈黙してしまうケースは珍しくないでしょう。

「だったら、最初に言ってよー。考えておいたのに……」

そんな感じですよね。この会議における、あなたを含む参加者全員の期待役割が事前に示されていれば、積極的に意見や提案ができたはずです。

日常の仕事においても同様です。たとえば、あなたが突発的な仕事を上司から依頼されたとします。

・その仕事に対し、上司はどこまで介入するのか?
・自分にどこまで任されているのか?
・どの程度の判断を自分自身でしてよいのか?
・困ったとき、どの内容を誰に相談すればよいのか?
・そもそも自分がその業務を任されていることを、周りは知っているのか?
・この仕事において、何を優先および注視しておけばよいか?
・この仕事を通じて、上司は自分にどんな成長を期待しているのか?
・あるいは、ただ単に淡々と流せばよいものなのか?

これらが不明確だと、必要なコミュニケーションもあいまいになりがちです。

端的に言えば、あなたに何が期待されているのかと、周り（上司やメンバー）に何を期待してよいのか。それがわかれば、どんな場面で、誰に、どんなコミュニケーションをしたらよいかも考えやすいです。

問題点
02

ウォーターフォール型のコミュニケーションフロー

上からの命令だから

……あの件、通るかな

ウォーターフォール型という言葉があります。水が上流から下流に流れるさまにたとえ、**ピラミッド構造の組織の上部で決まった決定事項や要件が、徐々に後工程に伝えられ、後工程が前工程の指示や連絡を受けて要求を具現化していく仕事のやり方**を言います。

製造業型、軍隊型、統制・ピラミッド型の組織構造が強い組織は、コミュニケーションの流れもウォーターフォールで固定化されがちです。経営会議での決定事項が、部門長会に伝達され、部課長会に落とされ、部長や課長や現場のリーダーが必要と思われる人だけ

決定事項を組織の「上から下へ」伝達

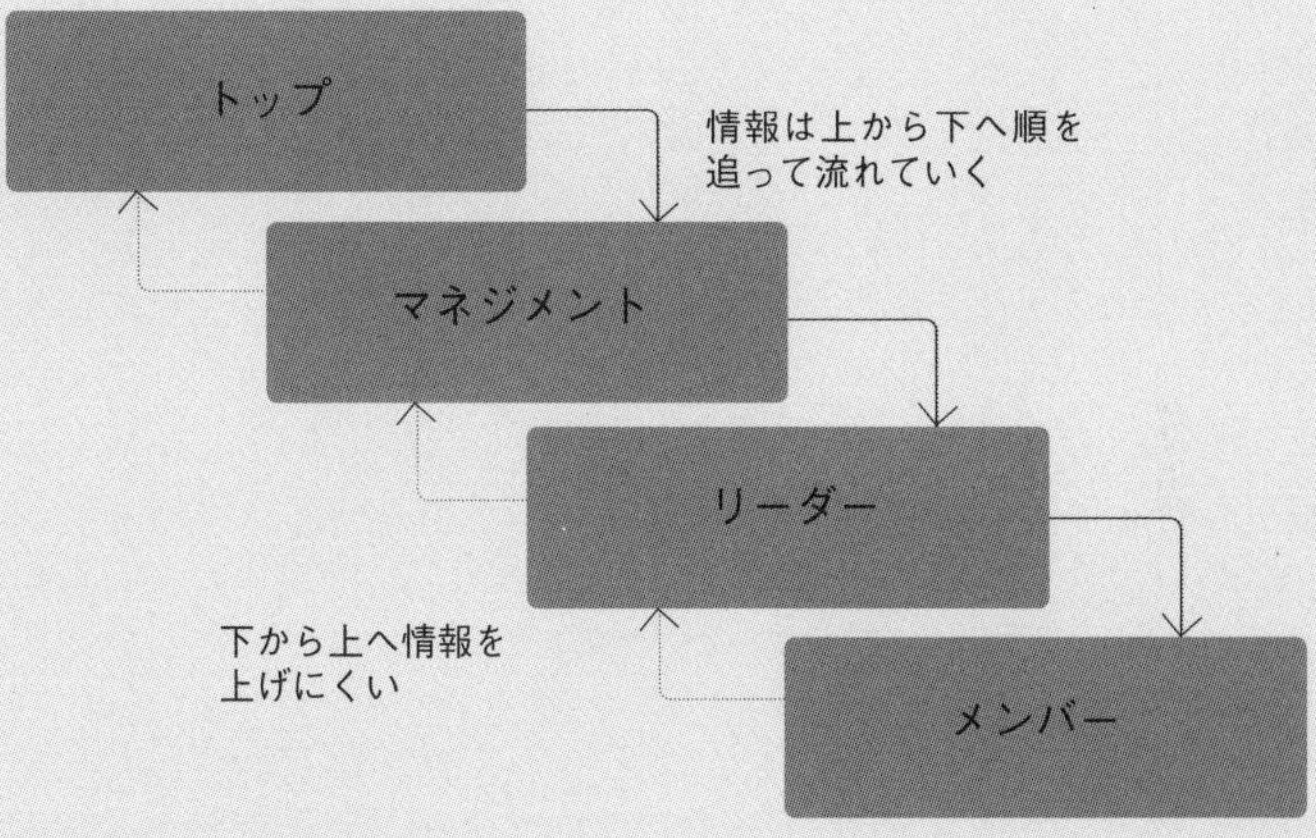

にその情報をデリバリーする。

現場の情報はこの逆です。ただし、現場のメンバーは、上長の心地の良いタイミングで、心地の良いやり方でご報告申し上げることを要求される。

タイミングや上の人の機嫌などの条件が整わなければ、先に進めない！ **鮭の遡上のごとき、逆ウォーターフォールかつ数々の試練を乗り越えた情報だけが意思決定層の議論の場に上がることができる。**

オフィスの電話対応ひとつとってみても、逆ウォーターフォールの流れは顕著です。若手や派遣社員が電話を受け、その内容を上にエスカレーションしていくコミュニケーションフローをとっている職場は少なくないでしょう。

ウォーターフォール、および逆ウォーターフォールのスタイルは、「上が正しい」「組織が絶対」の前提であれば合理性があるものの、デメリットもあります。コミュニケーションにおいては、

・上の情報が下に伝わりにくい
・管理職が、職位を超えたコミュニケーション（いわゆる「役職飛ばし」に神経質になりやすい
・現場のリアルが上に伝わりにくい

などが挙げられます。一言でいうと、上意下達が色濃い「階層構造」。とりわけ管理職が物理的にも心理的にも情報伝達のボトルネックになりやすいのです。

問題点

03 「上が正しい」前提

忌憚《きたん》のない意見を！

（怒）わかってないなあ

会社などの組織や、上長の考え方やルールが正しい前提でコミュニケーションをしようとする。たとえば社内風土改革を目的とした、経営陣と社員の対話会が行われたとします。応接室の最前列にズラリと並ぶ経営陣と、下座に控える社員たち。

社　長「当社の風土を抜本的に変えるべく、社員の皆さんの忌憚のない意見を聞きたいと思います。『ここが窮屈』『こうしたほうがいい』など思っていることがあれば言ってください」

社員A「では私から一つ。対面のコミュニケーションを重視しすぎるあまり、チャットなどのデジタルツールベース、テキストベースでのコミュニケーションを許さない部課長もいるのが問題だと思います。私の所属部門はその理由でテレワークが全面禁止になりましたが、中堅や若手の社員はそれでやる気をなくしています」

役員A「気持ちはわかるけれど、当社には当社のやり方ってものがあるんだよ」

役員B「テレワークしたいって、それあなたのわがままじゃないの?」

役員C「あなた、たしかまだウチに来て1年たってないよね。ウチの何がわかるの?」

社　長「ほかに意見がある人はいますか?　あれ、手が挙がらないね。当社の社員はお

となしいな……」

社員A、B、C、D、E、F「(シーン……)」

誇張ではなく、このようなコミュニケーションが行われている職場は少なくありません。あくまで、その組織の今までのやり方が正しい、意思決定層が正しい前提。相手の意見を聞くふりをするものの、自分たちの気に入ったものでないと叩き潰す。

この光景は、上司と部下の1on1ミーティングなどでも見られます。**「あなたはどう思うの?」**と問いかけるものの、部下の意見が上司の考えと違うと、滔々《とうとう》と説教をして正させようとする。

これでは、部下は上司と組織に不信感と無力感を募らせるばかり。何も言わなくなるか、あえて思考のスイッチをオフにして上から言われたことだけをやるマインドセットを選択するようになる、あるいは心折れて**「辞める」**か**「病める」**かに陥ってしまいます。

問題点

04

厳格なお作法が求められる

メールとは何事だ

きちんと報告したまえ

「上が正しい」前提は、コミュニケーションのお作法にも見られます。

たとえば、キレイな体裁のパワーポイントやWordの資料で報告しないと、上長が機嫌を損ねてしまう。

これは、ある意味でコミュニケーションのお作法が「上が正しい前提」の組織文化が強いととらえることができます。上の気に入るやり方でないと受け入れられない。機嫌を損ねる。ちょっとした気づきの共有や、ヒヤリ・ハットやミスの報告も、

「そんなくだらないことは、後にしてくれ。今忙しいんだ」

「対面で報告してくれ。メールやチャットでラクしようとするな」

と門前払い。報告したらしたで、上から目線で怒られるだけ。これでは遅かれ早かれ、部下は上司に相談や報告をしようと思わなくなるでしょう。

私だったら「こんな失礼なヤツに絶対相談するか」と思います。なぜならマウンティングされて、不快な思いをするだけだから。

この人に弱みを見せたら負け。これはガバナンスやコンプライアンスの観点でもよろしくないです。**ヒヤリ・ハットが共有されない組織風土、失敗やミスを隠す風土、仕事を一人で抱え込む組織風土**がすくすくと育ちます。

こんな職場は非常に危険です。社員のマインドがどんどん内向きになり、上司の顔色が最優先で仕事をするようになります。それが管理職や意思決定層の社内顧客化、殿様化を助長し、ハラスメント体質かつ世の中の変化に適応できない残念な組織カルチャーに。

いわゆる**大企業病**という病の症状の一種ですが、大企業病が発症するのは大企業だけとは限らないですから注意が必要です。

問題点

05

コミュニケーションの選択肢が少ない&古い

連絡、見てくれたかな

……全然レスがこない

コミュニケーションの選択肢が少ない、かつ古いコミュニケーション手段しか存在しないのも問題です。

・対面、メール、電話、ＦＡＸしか連絡手段がない
・チャットを送っても上長が見てくれない
・対面や電話でないと話を聞いてもらえない。不在⇓折り返し電話⇓不在⇓折り返し電話のループで日が暮れる
・なんでも口頭で済ませようとする。その場にいない人には情報が共有されない
・声の大きい人だけの会話で物事が決まってしまう。タバコ部屋意思決定、井戸端型意思決定スタイル
・ヒヤリ・ハットを共有したくても、マネージャーやリーダーは会議が多くていつも席にいない。話しかける隙がない
・キレイな体裁のパワーポイントやWordの資料で報告しないと、上長が機嫌を損ねる

あなたの職場はいかがでしょうか？

あなたがコミュニケーションをする意志があっても、それを受けつける手段が限られて

いたり、**手段そのものが古ければ、タイムリーに、またはお互いの都合の良いタイミングで必要なコミュニケーションをすることができません。**

さらに続きます。

問題点
06

対面や口頭にこだわる

全員集まるのが大変！

その場のやりとりでは不十分

「対面でないと思いが伝わらないし、コミュニケーションもうまくいかない。テレワークは禁止。全員、原則出社しなさい！」

もちろん、対面のコミュニケーションのメリットもたくさんあります。私も基本はテレワーク、リモートワークですが、必要に応じて顧問先やクライアントなどと対面でひざを突き合わせた対話もしています。

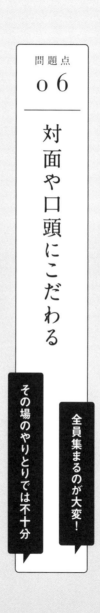

しかし、対面に依存しすぎたり、絶対視するのはさすがにこれからの時代いかがなものでしょうか？　むしろ、お互い忙しくて対面でコミュニケーションをする隙がなく、かえってコミュニケーションを希薄にしてしまう場合もあります。

他部門や社外の人たちとのコミュニケーションにおいては、そもそも事業所が離れていたり、同じフロアであってもセキュリティが厳しくてお互いの居室に立ち入りできなかったりするケースも。

テレワーク併用で、ビジネスチャットやオンラインミーティングのコミュニケーションが一般化し、むしろ他部門や社外の人たちとのコミュニケーションが活性化した。そのような話もよく聞きます。

また、**非対面のコミュニケーションのほうが得意な人**も少なくありません。

私自身、これまで自分が関わった職場で対面の説明や受け答えは苦手だけれども、チャットや図などを使ったコミュニケーションはものすごくロジカルかつわかりやすい人を何人も見てきました。

その場で話すことがすべてではない

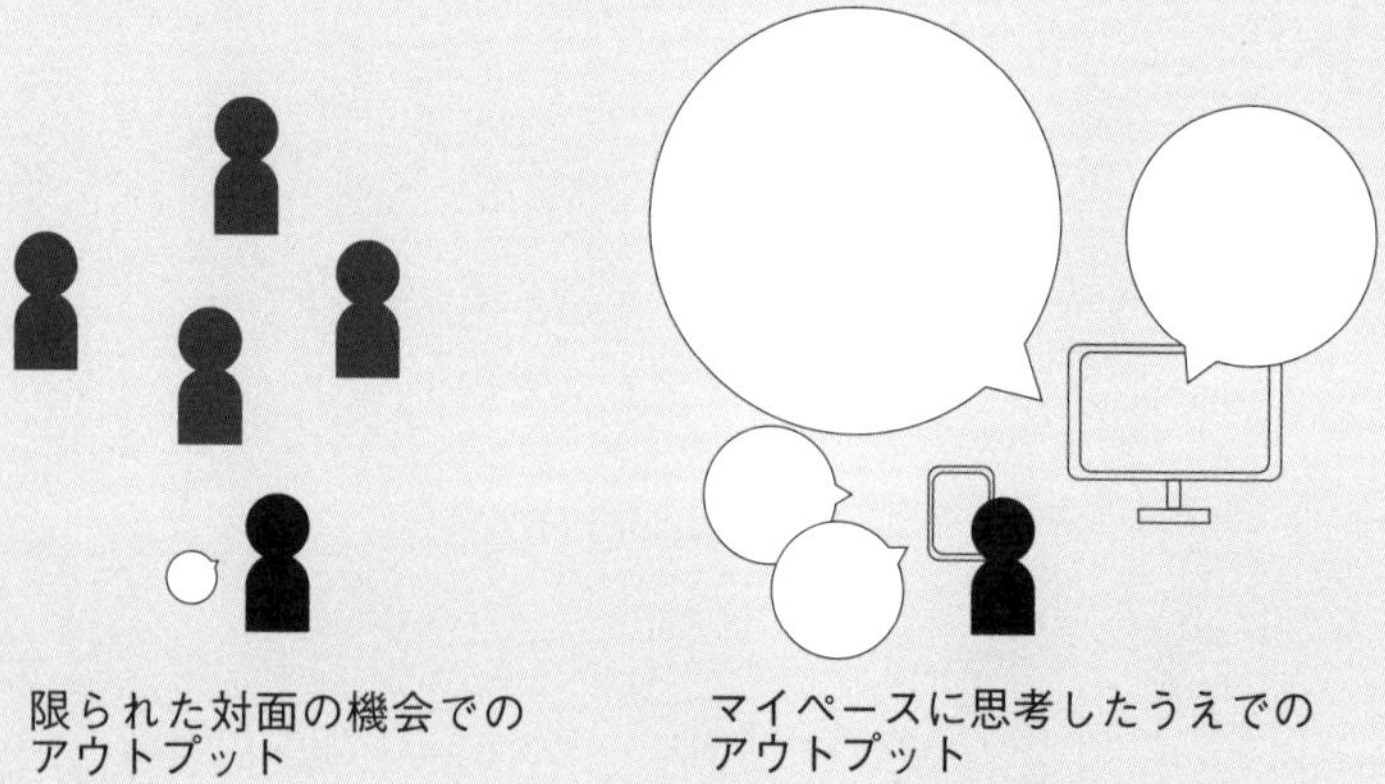

限られた対面の機会での
アウトプット
マイペースに思考したうえでの
アウトプット

問いかけや投げ込みに対し、その場の即時レスポンスはできなくても、**じっくり考えて後日素晴らしい意見をチャットで返してくれる人**もいます。

対面や電話のような、口頭かつ即時の対応だけで相手のコミュニケーション能力の高い低いを決めつけていないでしょうか？

非対面ベースのテキストコミュニケーションスキル、非同期ベースの思考能力を見逃していないでしょうか？ それこそ思考停止であり、もったいないです。

なにより対面と口頭にこだわり続けていたら、いつまでたっても非対面かつ非同期のコミュニケーションスキルが身につかず、組織全体のコラボレーション力、イノベーション力が向上しません。

「で、どこから変える!?」
ムリすぎる。**過去に最適化された**
コミュニケーションスタイル

大きすぎる思考停止ワードでもある
「コミュニケーション」。
そのお作法や仕組みは、過去の常識や、前時代的な人たちの心地良さに最適化されてしまっています。

さて、どこから、
どう景色を変えていきましょうか?

解決策

徹底したビジョンニングを

企業組織はビジョン、ミッション、バリュー、パーパスや人材像などを社内外に発信していかなくてはなりません。

ビジョンの発信と共有は、全社レベルの大きな話だけに留まりません。チーム単位、プロジェクト単位、日々の業務レベルで、その仕事において私たちが大切にすること、相手に期待すること、目的などをリーダーは発信しましょう（およびメンバーは、リーダーとの対話を仕掛けましょう）。それが、日々リーダーやメンバーが、お互いどんなコミュニケーションをしたらよいかを考える指針になります。

たとえば、あなたがあるハンバーガーショップのスタッフになったとしましょう。

店長から「とりあえず、レジ打ちをお願いします。よろしく」とだけ言われて放置されるのと、**「ウチのお店のメインターゲットは学生と主婦です」**と説明を受けてから仕事を始めるのとでは、どちらが主体性を持って仕事に臨むことができるでしょうか？

メインターゲットは学生と主婦である。お店のそのポリシーを知らされているだけでも、

・学生や主婦を気にするようになる
・学生や主婦のお店での行動を観察するようになる
・学生や主婦の趣向や日常の行動パターン（たとえば、どんなモバイルアプリを使っているかなど）を想定するようになる
・どのようなメニューや、どのようなインテリアが学生や主婦に好まれそうか考えるようになる

このように、ものごとをとらえるアンテナやフラグが頭の中に立ち、より良い仕事をするためにどうすればよいか主体的に思考するようになるかもしれません。そうして、気づきの共有、意見や提案などのコミュニケーションが主体的に起こるかもしれません。

その組織がどこを目指しているのか？　何を優先すべきか？　そのような指針がない

と、メンバーは何をコミュニケートしたらよいのかわからず、なおかつコミュニケートするネタも生まれにくいです。自ずと、コミュニケーションは受け身になりがちです。

組織の目指す姿や存在意義、大切にすること、優先すること、各々に期待する行動、推奨される行動などを伝え合う行為を「ビジョンニング」と言います。あなたの組織は、このような発信ができているでしょうか？　ビジョンニングができているでしょうか？

ビジョンやポリシーがないと、どんなコミュニケーションが求められているのかわからず、リーダーもメンバーもモヤモヤします。

解決策

「どんなコミュニケーションが必要なのか？」をとらえ直す

「当社は、コミュニケーションが悪い」
「チーム内のコミュニケーションが足りていない」
「メンバーのコミュニケーション能力を向上させたい」

そう思ったら、あるいはそのようなフレーズに出会ったら。そもそも、**その組織ではどんなコミュニケーションが求められるのか**とらえ直してみてください。そのための観点を5つ示します。

①To Whom：「誰に」（「誰と」「誰と誰が」）
②When：「どんなときに」（「どんなタイミングで」）
③Where：「どんな機会をとらえて」（オンライン、オフラインそれぞれ）
④What：「何を発信・受信し」
⑤How：「それにより、どう行動してほしいのか？」

先のハンバーガーショップの例にならって考えてみましょう。店長は、

①To Whom：スタッフに対し、リーダーとスタッフ間、またはスタッフ同士で
②When：開店前の朝会、閉店後の反省会、シフトが入れ替わる引継ぎのタイミングなどで
③Where：（口頭伝達以外に）スタッフルームのノートやホワイトボード、スタッフ共有のチャットなども活用しながら

④ What：学生客や主婦客についての気づき（行動パターン、特性など）や意見を共有し
⑤ How：どんなメニューやサービスや売り方が、学生や主婦にヒットしそうか考えてみてほしい

このようなコミュニケーション設計ができるかもしれません。

そしてこの話を受けたスタッフは、ターゲット顧客の一つである学生や主婦に対して、こんなコミュニケーション設計をするかもしれません。

① To Whom：大学生に対して
② When：毎朝、大学生が通学で目の前の通りを行き交う時間帯に
③ Where：お店の前に
④ What：「今日のワンコインランチメニュー」を示した立て看板を出し
⑤ How：お昼休みに来てもらえるようにする

あなたの会社でも、基本はこれと同じです。このような5つの観点で、整理して共有することをおすすめします。

解決策

年に1回、全社ミーティングを

年に1回、または数回、または新たにチームやプロジェクトが発足したキックオフのタイミングで、メンバーにビジョン、ミッション、バリュー、パーパス、ポリシーなどをトップが伝える（あるいはディスカッションをしてメンバーと一緒に考える）場を設けてみましょう。

私の顧問先の一つである、株式会社ＮＯ《ノ》ＫＩ《キ》ＯＯ《オ》（本社：静岡県浜松市）は年に1～2回〝ＲＥＶＩＳＩＯＮ（リビジョン）〟という名前のビジョンニングとチームビルティングの全社ミーティングを開催しています。ＮＯＫＩＯＯはフルリモートワークの社員も多数活躍しており、通常はオンラインでの業務が中心ですが、この日は浜松市内のコミュニティスペースにほぼ全社員が集合します（オンライン参加者もいます）。

〝ＲＥＶＩＳＩＯＮ〟は文字通り、自分たちのビジョンをアップデートしつつ、改めて問いかけをし合う場。

アジェンダを準備して全社ミーティング

Time Table

13:15-　12 期のクローズ& 13 期スタートにあたってのメッセージ
小川より（10 分）
小田木より（10 分）

13:35-　13 期経営方針と事業計画・NOKIOO 経営理念・MVV
小川より（20-30 分）

-------------------- break time --------------------

14:15-　13 期事業計画ダイジェスト
RHR 事業部 小田木（20 分）
CW 事業部　小川、吉田、伊勢（20 分）

-------------------- break time --------------------

15:00-　分科セッション
RHR 事業部 四半期ごとの達成レベルとアクションプランの設計ワーク（55 分）
CW 事業部　スピリッツセッション（55 分）

16:00-　勉強会・セミナー「人生 100 年時代 戦略的モードチェンジのすすめ」

-------------------- break time --------------------

17:30-　13 期キックオフレセプション

資料提供　株式会社 NOKIOO

社長の小川健三《おがわけんぞう》さんが役員と社員と外部のビジネスパートナーに、会社のビジョン、ミッション、バリュー、パーパスを説明し、中長期の事業計画や進捗、各事業部の取り組みを紹介。

メンバー同士が相互理解をしつつ、**「自分たちの期待役割」「自社らしさ」**を自分たちで考えディスカッションするインタラクティブ（双方向）なグループワークも実施しています。

〝REVISION〟はメンバー同士、役員とメンバーと外部パートナーのチームビルディングでありつつ、メンバーが自分たちの言葉で自社や事業に対する世の中の期待、自社らしい行動を言語化し共感し合う貴重な場（およびディスカッションするトレーニングの場）としても機能しています。

解決策

お互いの期待役割を共有する

大きなものではその組織や、そのプロジェクトにおいて、小さなものではそのチーム、その仕事、その単発タスクにおいて、誰にどんな役割や行動や振る舞いを期待するか／期待されているか？　それを「**期待役割**」と言います。お互いの期待役割を、当事者同士で対話しながら明確にしていきましょう。

・**社会におけるその組織の期待役割**

その組織（企業など）は、社会においてどんな役割を果たすのか？　何を期待されているのか、または期待してほしいのか？　ビジョン、ミッション、バリュー、パーパスなどを言語化し公開します。

・**組織やチーム内における期待役割**

前述の株式会社ＮＯＫＩＯＯは、社長の小川健三さんが中心となり、**経営陣を含む全社員の期待役割表を作成して社内公開（社内のTeamsにも共有）**。メンバー同士、お互いが何を会社から期待されているのか知ることができるようになっています。

期待役割は、上司と部下との１ｏｎ１ミーティングなどを通じ、１対１で握っていることは多いですが、それではメンバー同士の自発的な連携やコミュニケーションを促すうえでは不十分。メンバー同士お互い何を期待したらよいのかがわからず、また過度に期待をかけられたりし、いわゆる「期待値コントロール」がしにくくなります。期待役割は、なるべくチーム全員に共有し、相互参照できるようにしておきたいです。左頁に期待役割表の実例を掲載しました。参考にしてみてください。

・**プロジェクトにおける期待役割**

いわゆるプロジェクト業務においては、普段とは異なるチームで仕事をしたり、部門や職位を超えて通常業務とは異なる役割（たとえばプロジェクトマネージャー、リーダー、サブリーダー、ファシリテーター、調整役など）が参加メンバーそれぞれに求められます。

そのプロジェクトにおいて、各々がどんな役割を担い、どんな行動が期待されるのか？**最初に決めて、プロジェクトの共有フォルダや、グループウェアの所定のチャンネルなどに投稿し参照できる**ようにしておきたいものです。

・**仕事やタスクにおける期待役割**

日常のルーチン業務や、突発的に発生したタスクにおいても、その場で期待役割を上司と部下、メンバー同士などで確認する習慣をつけましょう。

たとえば、あなたのチームに顧客から突発的な問い合わせがあったとします。

メンバー全員の期待役割をオープンにする

名前	所属	役職	グレード	13期役割定義
■■ ■■	A事業部	アカウントマネージャー	ミドル	●事業計画における組織開発支援PL計画の達成 └経営方針を理解し、中期事業計画に基づく単年の事業計画の立案（方針言語化、KPIおよびチーム体制の設計、PL策定、メンバーの合意形成と動機づけ）ができる └事業計画（方針と戦略）に基づくアクションプランを策定し、その実行マネジメントと評価までを担う └アクションプランの実行に必要なチーム運営・メンバー育成を主導する └計画の進捗・課題や予測を管理し、チーム内外への月次および四半期報告を行う └ブランディング・マーケティング～カスタマーサクセスまでの一連のプロセスをマネジメントし、来期につながる事業基盤作りを行う ●フィールドセールスとして、顧客課題を理解し、効果的・効率的な営業プロセスを構築する └営業体制での属人化を排し、仕組み化と体系化、メンバーの育成を進める └営業プロセスにおけるCV率向上のための改善・新しい手法の導入や定着を推進する └顧客との現場で得た情報を、チーム（ブランディング・マーケティング・インサイドS･コンテンツ開発）にフィードバックし、チーム活動全体の連携とブラッシュアップに貢献する …………（以下略）
▲▲ ▲▲	B事業部	アカウントマネージャー	チーフ	●事業部のマネジメント（営業・制作含め）として事業部が取り組むべき課題を特定し、その課題解決のための打ち手の企画・実行、メンバーの巻き込みを行う。また経営と現場（メンバー、顧客）との情報の橋渡し役として、経営方針を理解したうえでそれを実行する ●顧客に対する戦略策定（ブランド開発、マーケティング戦略）の支援ができるアカウントマネージャーとして上流支援サービスの先頭に立つ。またその経験・実践を極力他のメンバーに割り振り、組織として対応できる状態にすることに取り組む ●アカウントマネージャー、チームのリーダーとしての予算管理（営業プロセス管理・KPI管理）とオペレーションマネジメント。担当分野メンバーの業務割り振り、育成、指導、評価 ●同分野における企画提案・クロージング・ディレクション・運用コンサルティング └同業務については極力他のメンバーに割り振り、他メンバーののヒアリング・提案書作成・プレゼンテーション・クロージング・ディレクション・請求・アフターフォローの各プロセスの教育サポート ●B事業部営業・マーケティング活動の企画設計業務
△△ △△	B事業部	デザイナー	ジュニア	●新規受託開発デザイン業務および、新規開発案件のディレクション ●メンテナンス更新業務と他メンバーの実行のサポート ●メンテナンス業務の効率化課題に対しての改善プロジェクト参画（メンテナンス見積工数削減のための、契約変更、手法改善等の施策） ●売上獲得のための、新規・メンテナンス業務からのクライアント提案活動 ●A事業部メンバーの協力を得た、B事業部 育児メンバーの業務改善 ●システム開発体制変更に伴うスキルの習得、B事業部メンバーとしての基礎資格習得

資料提供　株式会社NOKIOO

課　長「この件に関して私への確認や承認は不要です。AさんとBさんで相談して回答してください。技術面の質問はCさんに聞いて回答してもらってください。私からCさんにはチャットで協力依頼をしておきます」

Aさん「承知しました。もし対面での説明を求められたら、そのときは課長に対応いただきたいのですがよろしいでしょうか？」

課　長「承知しました」

こんなやりとりをしているだけでも、Aさんは迷子にならず、Bさん、Cさん、そして課長と連携しながら仕事を進めることができるでしょう。期待役割の確認は、登場人物を迷子にさせないための基本となるコミュニケーションと言えます。

解決策

まずは社内の連絡と意思決定のＩＴ化を

ＩＴ環境、特にコミュニケーションのＩＴ化には、組織をあげて全力で取り組みましょう。

ＤＸというと、ＡＩやＩｏＴやメタバースなどを活用した、キラキラしたＩＴの活用を想像しがちですが、私は**それ以前に日々の社内外のコミュニケーションや意思決定の手段の最新化のほうが急務**だと思っています。

コミュニケーション手段がメールと電話と対面しかないとしたら？　上層部の会議で決まったことが、担当者になかなか共有されないとしたら？　その場にいない人に情報が共有されないとしたら？

その人は素早くアクションを取ることができないですし、仲間外れにされたような気持ちにもなり、仕事やチームに対するエンゲージメントも下がります。

紙の書類でもって、口頭説明と判子リレーで決裁をしていたら、意思決定のスピードはいつまでたっても上がりません。顧客や取引先への意思回答が相対的にどんどん遅くなる。契約書もお約束のように、手書きのサインや押印を求めて、郵送や書留でやりとりする。それでは、スピーディーに仕事を進めたい取引先は遠ざかります。つまり、**組織同士のコラボレーションリスク**を高めます。

クラウドサービスなどの汎用的なビジネスチャットやグループウェアやファイル共有サ

ービス、オンラインミーティングなどを活用して、素早くかつ確実にやりとりおよび意思決定をする。口頭ベースではなくテキストベースでコミュニケーションをする。ワークフローシステムやクラウドサインなどを活用し、場所や時間にとらわれず、間接業務で相手の手を煩わせることなく、スピーディーかつデジタル上に確実に行動履歴やエビデンスを残しながら意思決定と取引を行う。

情報が共有されない状態、意思決定が行われない状態は社員のエンゲージメントを下げます。また、最新のデジタルツールで仕事をした経験のない人たちがＤＸやイノベーションを起こせるでしょうか？

まずは、社内のコミュニケーションからオープン型に。たとえば、

・経営会議の決定事項の共有を、朝礼やチームミーティングでの口頭伝達だけで済ますのではなく、Teams や Slack などで

・議事録の公開先を関係者だけを宛先にしたメールではなく、全社共有のグループウェア、Teams や Slack などで

・期待役割の合意と共有を、上司と部下の１ｏｎ１ミーティングだけで終わらせるのではなく、Teams や Slack のチーム内共有のチャンネルで

などの仕組みを整えていきましょう。ツールが増えすぎて戸惑う場合は、社内と社外、新しいツール優先など、使い分けの基準を決めていってください。

そもそもこうしたお悩みにすら至っていない組織は、とにかくまずデジタルツールを使ってみる！　話はそれからです。

解決策

テキストコミュニケーションに慣れる

そのためには、とにもかくにも、テキストコミュニケーションの経験とスキルアップ。これが日本の組織全体で急務ではないでしょうか。

繰り返しになりますが、対面や電話でのコミュニケーションは「脆弱」です。テキストコミュニケーションは、時間と空間を超えた情報の引継ぎや合意形成、共感者や協力者とのコミュニケーションを可能にします。つまり、「場にいない第三者」とのコミュニケー

テキストコミュニケーションで組織内のコラボレーションが活発に

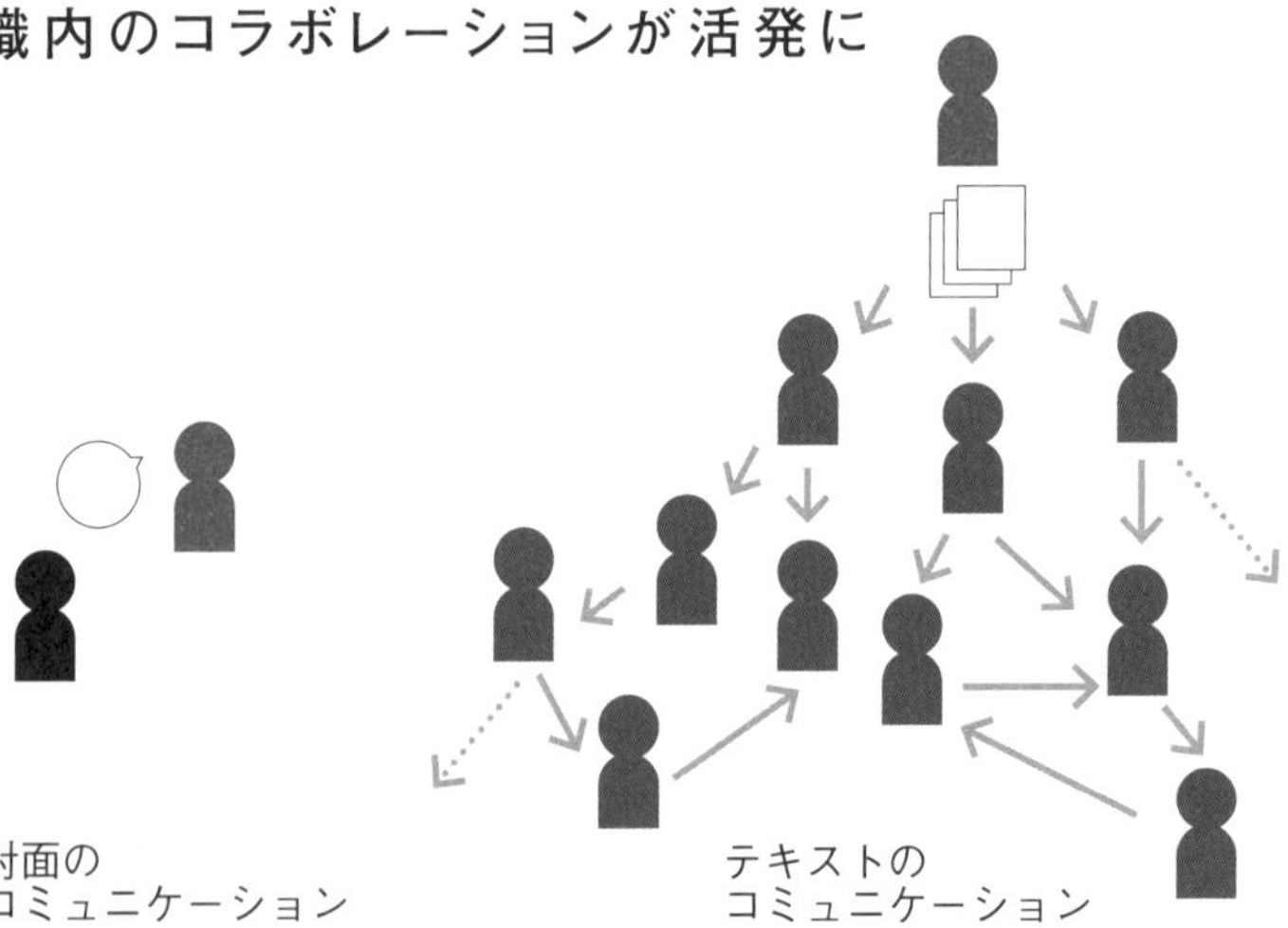

ションコストを下げ、かつコラボレーションがしやすくなります。

コミュニケーションをテキストベースにすることで、論理的にものごとを伝達する習慣も身につきます（もちろん、相応のトレーニングは必要ですが）。

その経験と訓練を積めば、対面かつ口頭のコミュニケーションも論理的かつ的確に行うことができるようになります。相手との景色合わせと合意形成が速くなります。

つまりテキストコミュニケーションは、**組織全体、社会全体のアナログを含むコミュニケーションスキルや仕事の能力を高め、意思決定のスピードと質を高め、コラボレーション力とイノベーション力も高める基盤**なのです。

オンラインのコミュニケーション、チャットベースのテキストコミュニケーションスキル向上から目を背けていてはいけません。そのためには、組織の強い意志も求められます。

未来志向のコミュニケーション手段を優先する。慣れた古いやり方から卒業する。現場からも声をあげ、賞味期限切れしたコミュニケーション手段は、そろそろお眠りいただき、組織内の世論と合意形成をしましょう。

「テキストコミュニケーションから、逃げちゃダメだ、逃げちゃダメだ!」

解決策

コミュニケーションの景色を変える

デジタルツールを使ってみるのもそうですが、コミュニケーションの景色を変えてみるのも自発的なコミュニケーションを促すポイントです。

特に「上が正しい前提」の堅苦しいコミュニケーションを変えるには、よいきっかけになると思います。

普段と景色を少し変えてみるだけでも、気持ちの変化、意識の変化、人と人の関係性の変化などが起こり、コミュニケーションが活性化したり、新たな学びや気づきを得られたりします。いつもとは違う、社外の人との対話で、自分自身や自組織の意外な強みを認識できることもあります。

「この人と話していると、仕事の目的や自分のやりたいことが言語化される」
「この人になら本音を言える」
「この人なら相談してもいい」

あなたにもそんな経験があるのではないでしょうか。対話をする相手を変えてみるだけでも、仕事や人生の目的やゴール、自分や他者の期待役割、意外な特性、得意技などが見えてくるものです。

普段の景色を変えてみる。その発想のバリエーションと事例を4つ紹介しましょう。

①人の組み合わせを変えてみる
・仕事のペアを変えてみる、ローテーションしてみる
・複業人材に加わってもらう。社外の専門家に顧問として参画してもらう
・多拠点の人にフルリモートワークで参画してもらう
・事務職にIT技術者を入れてみる

②役割を変えてみる
・若手に司会進行やファシリテーターを任せてみる
・管理職やベテランが聞き役に回る
・育休明け、時短勤務の人にマネジメントを任せてみる
・事務担当者にイベントの企画を任せてみる
・役員がイベントの企画をしてみる

③話すテーマを変えてみる
・あえて関連する別のテーマを投げ込んでみる
・別の角度で、ものごとを見つめてみる

・雑談をしてみる

④関わる相手を変えてみる。越境してみる
・他部門とチーム編成してみる
・社外の人たちとプロジェクトを組んでみる
・越境学習プログラムに参加してみる
・社外のコミュニティやフォーラムに参加してみる
・大企業の人が中小企業に、中小企業の人が大企業に出向・留学してみる

「コミュニケーションは、手を変え、品を変え、景色を変え」
「景色が変われば意識は変わる、意識が変われば組織は変わる」

私が組織開発やワークスタイルをテーマにした講演や顧問活動で口癖のように発しているメッセージです。景色を変えていきましょう！

第5章

めんどくさい「管理・間接業務」をどうする？

「うちの会社は、カタくて融通が利かないんです」

「業界柄、チェックが細かいのです」。こんな発言を続けること

こそ、思考停止を表しているのではないでしょうか。

どんなに事業部門や、研究開発部門などの人たちが先進的な考え方で新しいことを始めようとしても、管理部門や間接業務が待ったをかける。

これでは、クリエーションやイノベーションをする前に力尽きてしまいます。いや、一般人でさえも行動停止してしまうでしょう。

チャレンジしたい人たち、クリエイティブな人たち、成長したい人たちを無力化する管理・間接業務。

どこから変える？　どこからアップデートする？

問題点

01

「めんどくさい」本社や管理部門やお役所

いちいちうるさい

できれば関わりたくない

日本は管理・間接業務を含む雑務の割合が世界と比較しても高いと言われています。第6章でも触れますが、まずはこの現状を正しく認識すべきでしょう。

とりわけ、JTC（Japanese Traditional Companies）と呼ばれるレガシーな大企業や行政は、積年の管理・間接業務やチェック業務の数々が粘土層のように重なってきた歴史もあり、管理・間接業務がとにかく重たい傾向にあります。

一言でいって**「めんどくさい」**。たとえば次のようなものです。

・取引のめんどくささ：申請手続き、契約手続き、支払手続きなどが煩雑かつ重厚。「注文請書」とか要るんですか？

・コミュニケーションのめんどくささ：オンラインを嫌がる。紙印刷させる。郵送やFAX。いちいち添付ファイルを開かせて記入させる。デジタルの手段はメールのみ

（おまけにPPAP［パスワードつきのZIPファイルを送り、後で別メールでパスワードを送る］）

・お作法のめんどくささ：「ご挨拶にお伺いする（させる）」。服装をとやかく言う。大げさな資料を作らせる

挙げればキリがありません。これは地域社会にも当てはまります。若手や女性の人口流出に歯止めがかからないと嘆いている地域の皆さん。それは、あなたの地域が相当「めんどくさい」からじゃないでしょうか？

「移住促進」「多拠点居住促進」「関係人口増」「企業誘致」「創業支援」などと謳いながら、一方では山のような紙書類を提出させ、あれが足りない、ここが間違っていると指摘して何度も出頭させ、忙しい住民や事業主の貴重な時間とカロリーを奪って疲弊させる。そんなめんどくさい地域に意欲的な人が移住や居住あるいは、創業したいと思うでしょうか？ このように、めんどくさい組織は、

・あなた（の組織）とコラボレーションしてくれる相手を遠ざけます

・本気で活躍したい、中の人たち（社員や職員など）のエンゲージメントが下がり離れていきます

「だってあなたの組織、いちいちめんどくさいんだもん」

こうして、コラボレーションできない、イノベーションできない残念な組織や地域になっていってしまいます。めんどくさい本社、めんどくさい管理部門も問題です。

「本社が関わると、めんどくさいから」

「管理部門を通すと、うるさいから」

スピード感をもって行動したい部門、主体的にチャレンジしたい人ほど「本社飛ばし」「管理部門飛ばし」をするようになります。抜け道を探すようになるわけです。

これはコンプライアンス上、ガバナンス上もよろしくないでしょう。本社飛ばし、管理部門飛ばしを問題視した本社や管理部門は、さらにルールを増やそうとする。あるいは陰湿な報復を試みる。プライドが高い本社や管理部門に特にありがちです。

結果として、どんどんガチガチになり、皆が内向きな仕事にリソースとカロリーを奪われるようになり、組織全体が思考停止。なおかつ健全に成長したい人が心折れて辞めていくか、物言わぬおとなしい人に変わっていってしまいます。

問題点
02

働く人の思考リソースを奪う

本業はいつやればいいの？

雑用ばっかり

煩雑な管理・間接業務は、相手を別の意味でも思考停止させてしまいます。オープンな行動、スピーディーな意思決定ができなくなる。

アドビ社が日本や米国など7カ国で行った働き方に関する調査を紹介する記事が、なかなか印象的でした。(https://www.adobe.com/jp/news-room/news/202109/20210916_survey-on-the-future-of-work.html)

「業務時間中に雑務にかける時間の割合を聞いたところ、日本が35・5%と7カ国中最多だった。来年転職したいかどうか尋ねたところ、日本では39%が転職を考えていた」

残念ながら、やはり日本の組織は雑務まみれの事務作業大国であると認めざるを得ないようです。

・毎日の勤務実績、勤怠管理システムに入力してかつその画面キャプチャをプリントアウトして上長のハンコをもらって郵送しなければならない
・その勤怠管理システムの操作マニュアルが、煩雑すぎて理解するのにひと苦労
・稟議や提案資料。管理部門の「てにをは」のチェックが細かく、毎回細かく差戻しされる
・その差戻しがいつ来るかわからず、落ち着いて仕事ができない
・上司の監視が細かく、集中できない
・会議の議事録、作文と差戻しの対応で毎回時間がとられる
・本社や顧客の進捗報告の資料を書くために、わざわざ事務所に戻らなければならない
・会議の日程調整のメールラリーと、会議室予約の手続きが煩雑。会議をやるたび疲弊する
・気がつけば、会議資料の印刷と製本で一日が終わってしまった
・本社や顧客や役所からの書類を受け取るために、わざわざ出社しなければならない
・取引先から届くＦＡＸ、字が潰れていて電話でいちいち内容を確認しなければならない
・そのＦＡＸ、番号間違いで別の人の電話にかかっているらしく見知らぬ第三者が着信音でイライラ
・顧客から届くメール。毎回添付ファイルがＰＰＡＰで、外出先からモバイルデバイスで閲覧できない。いちいち、パスワードを探して、解凍しての作業をしなければならず気が散る

・役所の手続きのために、わざわざ平日日中の開庁時間内に出頭しなければならない

いずれも管理・間接業務が本来業務（たとえば営業部門であれば営業活動、研究開発部門であれば研究行為や開発行為、デザイナーであればデザイン行為、作家であれば構想や執筆業務など）に集中できない、**「気が散る」「思考リソースを奪われる」状況**を作ってしまっています。

思考停止によりアップデートされない、または悪気なく温存された煩雑な管理・間接業務が、思考できる人を思考停止させてしまう。いかがなものでしょうか？

問題点
03

増え続ける管理業務・間接業務

古い組織ほど、悪気なく管理業務・間接業務を増やし続けます。

これは企業のみならず、官公庁の手続きなどにおいても見られます。新しい施策が開

本業の時間がどんどん削られていく

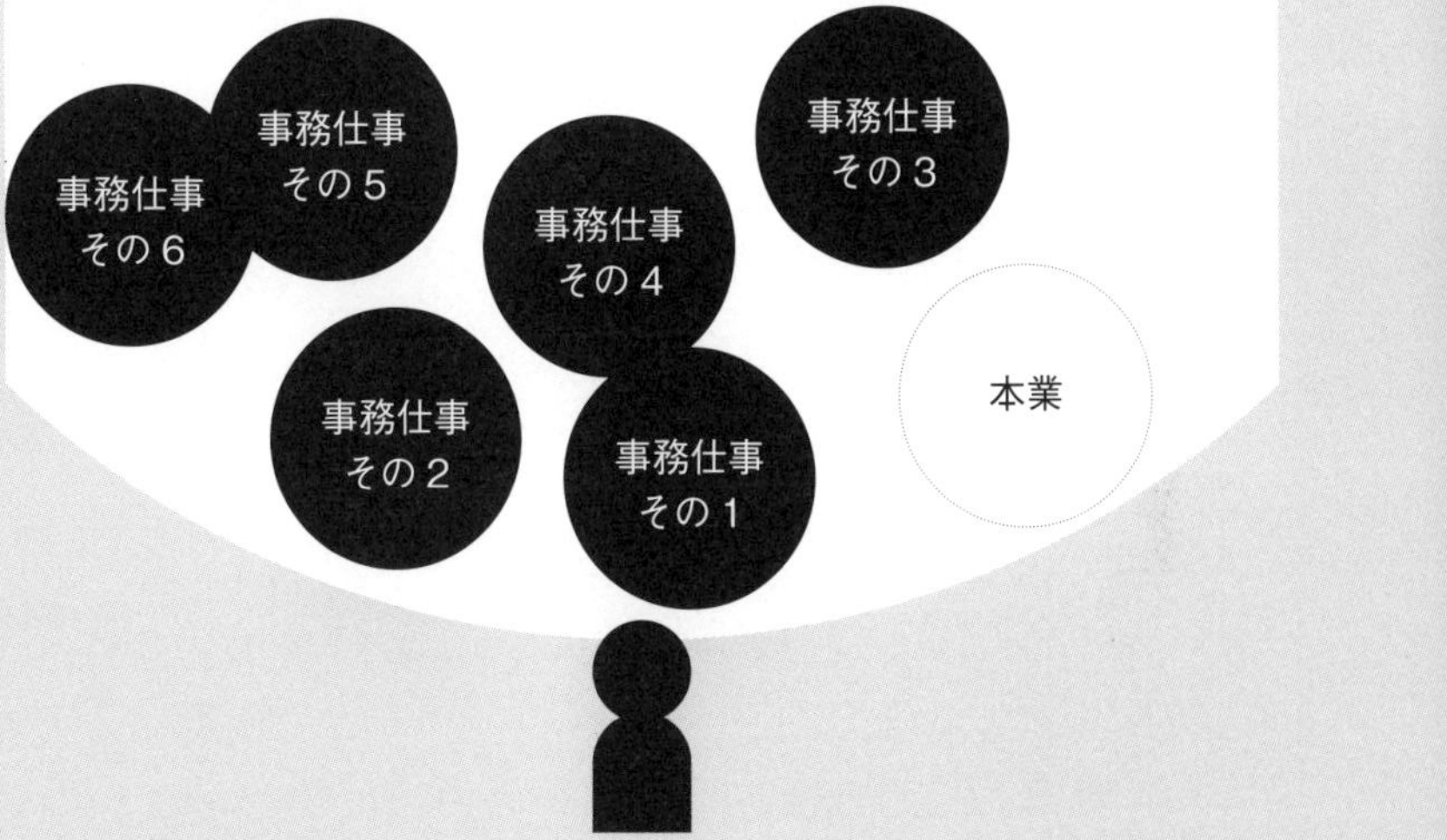

始。と、そこまではよいのですが、そのための煩雑な事務手続きやチェック業務をひたすら増やす。

たとえば、日本でCOVID-19が蔓延した当初、苦境に立たされた零細事業者や飲食店などを支援すべくさまざまな補助金や助成金が創設されました。それ自体は素晴らしいですが、申請承認のプロセスには問題ありと言わざるを得ません。

霞が関や行政特有の申請書類の数々に、多くの事業主は固まります。複雑怪奇で、記入方法がわからない。さらに、**「あれも出せ」「これも出せ」**とさまざまな書類や証跡を求められる。

「忙しくて、書類を書いたり証跡をかき集

める暇がない」

「申請書類を作成するために、深夜労働や休日を返上しなければならない」

「申請するために役所に出頭しなければならない。平日日中時間帯に役所に行くヒマがあったら、1円でも本業の稼ぎを上げたい」

このような零細事業者の叫びを私はいくつも聞きました。提出書類を審査する行政職員にとってもたまったものではありません。本来優秀なはずの公務員が、書類の抜け漏れチェックと差戻しで忙殺される。これこそ能力の無駄遣いでしょう。

企業で何か大きなトラブルが発生すれば、官公庁や行政の指導により、企業は二重チェック、三重チェックを増やします。些細なミスであっても、本社がチェック業務や報告業務を増やす。そして一度増えた管理・間接業務はなくなることがない。これでは、やがて日本は管理・間接業務に潰されます。

問題点

04

「事務作業＝コストや労働」の意識がない

まだ終わらない

こっちはタダ働きなのに（涙）

そもそも管理・間接業務や雑務が、相手が本来業務に集中したり、本来価値を創出したりする集中力や機会を奪い、ともすれば**相手にタダ働きを発生させている意識がない**。社内の人はさておき、社外の取引先やフリーランスは、その事務手続きや差戻し対応に賃金が支払われないかもしれません（裁量労働制などのケース含む）。行政手続きにおいても、相手、つまり住民や地域の事業主はその手続きに対価が支払われていない可能性が高いでしょう。

差戻しする管理担当者はその分の時間の対価が支払われるかもしれないですが、相手はその時間と手間にお金をもらえていない。つまりタダ働き。このような、管理・間接業務によるタダ働きを増やしていたら／減らさなければ、日本の生産性もＧＤＰももちろん幸福度合いも上がりません。

私たちは管理・間接業務や事務手続きを「やってあたりまえ」の名のもとに、本来ＩＴなどを活用すればスリム化できるにもかかわらず、相手に押しつけていないでしょうか？

とりわけ管理業務しか経験のない人、拘束時間でお金が支払われる人ほど、悪気なく相手の時間や集中力を奪ったり相手のタダ働きに無頓着になりがちです。

通勤問題もしかりです。満員電車（私は満員どころか満席の時点で十分問題だと思っていますが）や渋滞の長時間の通勤。これらの時間や体力や気力損失は、労働時間や生産性のレポートにはカウントされていません。外数として扱われているものですから、いつまでたっても国や企業組織の問題として扱われにくく、改革のモチベーションが働きにくい。煩雑かつアナログな管理・間接業務しかり、行政手続きしかり、通勤問題しかり、

「相手のタダ働き」
「相手のボランティア精神」
「皆で仲良く我慢する気合・根性の同調圧力」

に依存しすぎではないでしょうか。そして、それは日本の組織のブラックな労働観そのものを反映していると言えます。

問題点

05

IT化、スリム化への抵抗勢力

そんなやり方うまくいかない

今まで通りでヨシ！

ＩＴ化、スリム化しようとすると必ずと言っていいほど抵抗する人たちが現れます。とりわけ、管理・間接部門や担当者の抵抗が著しい。

もちろん本当にやり方を変えられると仕事が回らなくなって困るケースもありますが、ここではそれを差し引いて考えてみます。

管理部門の人たちに限らず、人はなぜ変化に抵抗するのか？

・それが自分の存在意義、存在価値だと思っているから
・その仕事に誇りを持っているから
・新しいことを学ぶのが面倒だから（コンフォートゾーンに留まっていたいから）
・新しいことをして失敗したら恥ずかしいから／嫌だから
・自分の仕事がなくなってしまうかもしれないから

一言でいえば「不安」だからです。

人の心の中の不安は、やがて不満になり、不信に姿を変えます。こうして、新しいやり

方に抵抗するようになる。

トップダウンで強制的に変えさせるハードアプローチもありますが、ソフトに進めるなら組織や人事部門や変革推進者は、**相手の不安に丁寧に向き合い、一つひとつほぐしていく必要がある**でしょう。

問題点
06

「生真面目な人」「変われない人たち」がアサインされる

ルールですから

特別扱いはできません

管理部門や間接業務担当者には、その役割や仕事の特性上、「生真面目な人」がアサインされるケースが多い傾向にあるようです。または、長年本社や管理部門や行政組織にいると、生真面目なメンタリティになってしまう人も少なくないでしょう。

言われたことをきちんとこなす。守らせる。ルールに忠実である。大切である一方、今までのやり方の無駄や改善余地を疑う発想がなかったり、正義感でもって相手の無駄な稼働を増やしたり、関係性を悪くすることもあります。

また、あまり大きな声では言いにくいですが、第一線で戦力外の扱いをされた人が管理部門や管理担当者にアサインされるケースもあるようです。本人も心を閉ざし、成長をあきらめてしまったり、新しいことにチャレンジしなくなったり、自分のやり方に固執してしまう。その傾向も否定できません。

もちろん、管理部門の社内プレゼンスの低さ、「評価されない」「日が当たらない」自己肯定感の低さが、ひがみ、やっかみ、こじらせ、そして事業部門やマーケティングや研究開発部門、イノベーティブな人、クリエイティブな人たちとの断絶を生んでしまっているケースも見受けられます。

ある大企業でのエピソードを一つ。ＩＴ部門やマーケティング部門の管理職が社外のフォーラムで自組織の取り組みを好事例として発信しようとし、総務部門や人事部門に相談しました。ところが、総務や人事からはこんなつれない回答が……

「すべての社員ができるわけではないのだから、あなただけ特別扱いできない」
「総務部門の私たちは外に出る機会がないのだから、ダメ（あなたたちだけズルい）」

正直、総務や人事のひがみ根性、狭い世界の「公平感」から来ているとしか思えません。控えめに言って、まるで未来や社外に目が向いていない残念な管理部門ですね。だったら、あなたたちも外に出ればいいのに。

問題点
07

中途半端なアウトソース

こんなの自動化して意味ある？

そもそもこれいらなくない？

中には、管理・間接業務を社外の取引先やグループ子会社にアウトソースする企業組織もあります。

それ自体は、組織の戦略として妥当です。しかしながら、アウトソースの仕方次第では、かえって無駄な管理・間接業務を増やしたり、生き永らえさせてしまうリスクもあります。

・アウトソース先への依頼・報告など、間接業務がかえって増えた
・「残念な」間接業務や手続きが温存された（業務のゾンビ化）

・主体的な改善が行われない

とりわけグループ子会社など身内の企業にアウトソースする場合、親会社の圧力にNOと言えなかったり、悪気なく「受け身」「下請け」になりがちです。すなわち、主体性や思考能力どころか思考習慣を奪われてしまっている。その状態で、今までの仕事を、そのままの状態で温存かつ運用することを求められる。

主体性が奪われてしまったものですから、自ら業務を改善したり、なくす動機が働かない。そもそも、その事務作業をすることがその会社の存在意義になってしまっていますから、自ら食《く》い扶持《ぶち》をなくすようなことはしないし、許されなかったりします。

こうして、**息の根を止めそこねた管理・間接業務が、ゾンビのように無駄に生き永らえてしまう**場合があります。

これはアウトソーシングのみならず、本来なくせる業務や手続きをそのまま自動化してしまう「なんちゃってRPA」「迷惑RPA」などにも見られる現象です。管理部門の担当者だけ面倒な事務作業から解放されてラクになって、相手（申請者）は一向にラクにならない。

なお、最近突然電話がかかってきて、出ると機械による自動音声でアンケート依頼のメッセージが流れることがあります。あの電話にイラっとした人も少なくないと思いますが、**相手の手間を減らさないアウトソーシングや自動化は、迷惑千万。**その企業のブランドイメージを下げます。

問題点
08

管理部門が強すぎる

とにかく無駄をなくせ

言われた通りにやって

管理部門が社内で権限を持っていて、妙に強い。管理部門しか経験したことのない人が組織のトップになるケースなどにおいては、これまた悪気なく管理・間接業務を増やしたり、チャレンジにブレーキをかける組織風土を助長します。

・コスト削減主義
・失敗を許さない
・100点主義

これらはオペレーションを着実にこなすことで価値を出す業務領域や、不況を凌《しの》いだり経営を立て直す**ターンアラウンドが求められる局面においては妥当**であるかもしれません。一方で、ターンアラウンドの局面で求められるマネジメントと、イノベーションなど攻めの局面で求められるマネジメントとは特性が異なります。

大量生産、大量消費の時代の成功モデルであった、製造業型・統制型の勝ちパターン、および経済や経営の危機的な局面においては合理性のあった削減主義（コスト削減、余白の削減）のマネジメントは、イノベーションとは相性が悪い。

そして、統制型、オペレーション型、ターンアラウンド型の成功体験で凝り固まった管理部門や管理組織が力を持ちすぎるのは、組織の、いや国そのものの成長リスクであると私たちはとらえる必要があります。

「で、どこから変える!?」
ムリすぎる。**事務作業にまみれた組織の日常**

アナログかつ役割を終えた管理・間接業務が、新しい発想、新しい行動で正しく活躍したい人たちの行く手を阻む。まるで**事務作業大国日本**。

とはいえ、ルールなき無秩序かつ無法な状態はこれまた組織や国の成長リスクに。

さて、どこから、
どう景色を変えていきましょうか?

解決策

廃止前提で業務全体を見直してみる

極端な話、管理・間接業務や事務作業をいったん廃止するくらいのダイナミックな前提で業務を見つめ直さないことには、DXもイノベーションも絵に描いた餅になるのではないかと私は考えます。

そのためには次の3つの思考法で業務を見つめ直してみる必要があるでしょう。

①デジタル思考

デジタル技術を活用し、データとデータ、知識と知識、人と人などを空間や時間の制約なくつなぎ、新たな考え、発想、感動や価値などを生み出すこと。または、面倒な仕事やミスや手戻りから人を解放すること。

②デザイン思考

ユーザー（利用者）の顕在化している課題、または潜在的なニーズを追求し、ビジネスや業務プロセスの課題を解決する思考法。自身や相手の思考パターン・行動パターンを変えることで、双方の課題解決やニーズの実現に導く考え方。

③越境思考

異なる環境（アウェイ）と普段の環境（ホーム）を行き来することで、現状に違和感を持ち、問いを立て、ものごとを解決していく／今までの制約条件を取っ払っていく考え方。

殊《こと》に日本の組織においては、何か新しいものごとを始めようとするとき、管理・間接業務や事務作業を増やす前提で考える人たちは少なくありません。この「悪いクセ」から抜け出さないことには、仕事のための仕事ばかりが増え、私たちは押し潰されてしまいます。

生まれた当初は合理性があったものの、時代変化やＩＴ技術の進化に伴い「もはややらなくてもいいもの」「代替可能なもの」となった作業や業務プロセスは意外と多く存在します。

そのような、もはや役割を終えた「**仕事ごっこ**」や「**ブルシットジョブ**」（※8）を指摘

「その仕事、なくせないの？」「ホントに必要？」

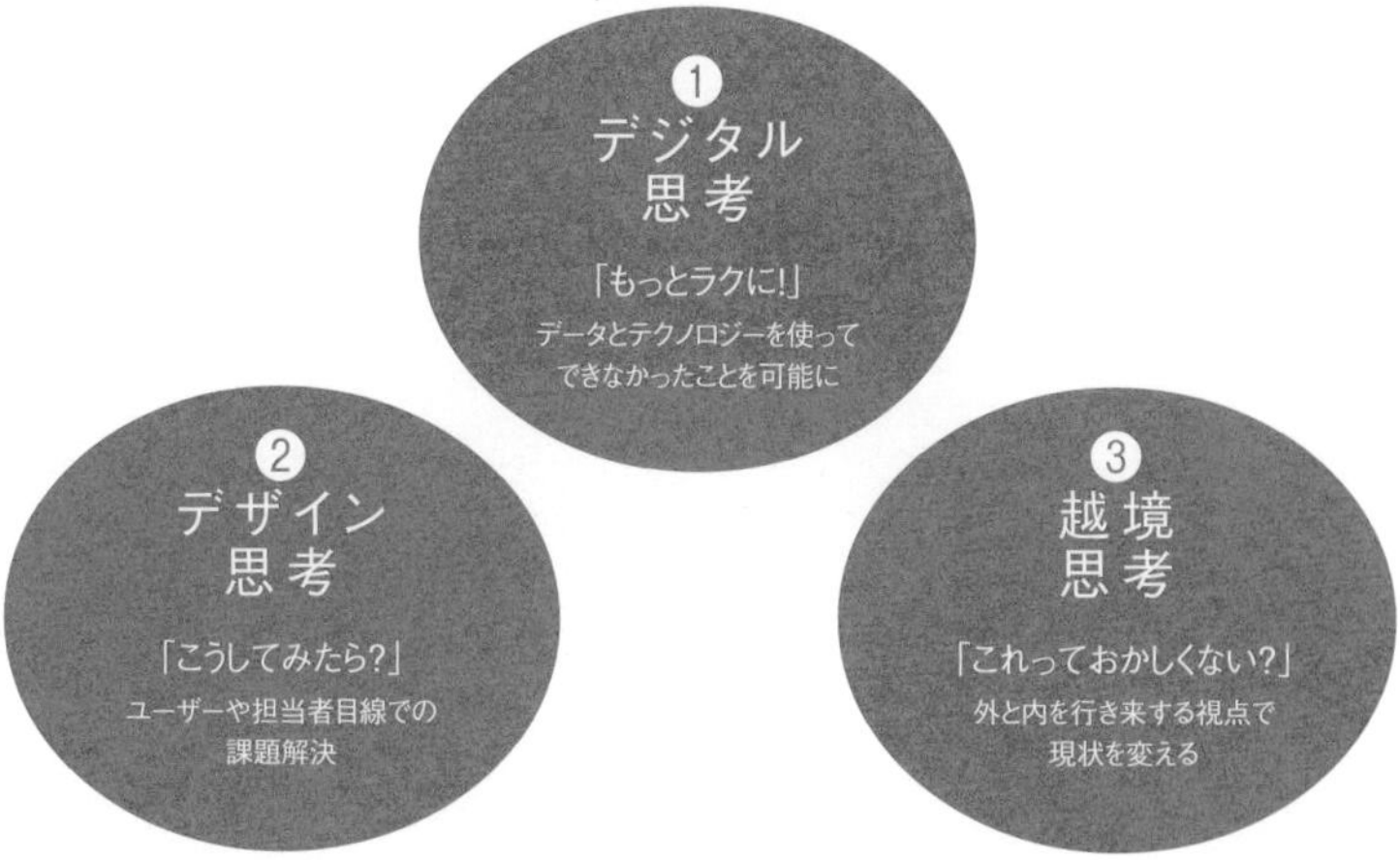
①
デジタル
思考
「もっとラクに!」
データとテクノロジーを使って
できなかったことを可能に
②
デザイン
思考
「こうしてみたら?」
ユーザーや担当者目線での
課題解決
③
越境
思考
「これっておかしくない?」
外と内を行き来する視点で
現状を変える

し、なくし、人間らしい仕事にシフトしていくのも私たちの社会的責任でしょう。具体的には、

・データの流れやライフサイクル（生成され、活用され、変化を経て、不要になるまで。私は「おはようからおやすみまで」と表現しています）に着目し、なるべく人の手による作業を介さずに滑らかに処理していくプロセスを設計する

・仕事のための仕事、報告のための報告、作業のための作業などを特定し、なくせないか声をあげ組織で議論する

（注8）ブルシットジョブ＝何の価値も作り出さず、働いている当人さえ、どうでもいいと思えるような仕事。

そのためには、データマネジメント、データモデリングなどの発想や能力を持つ人の登用も求められますし、あるいは自分たちでも身につけていかなければならないでしょう。

さらには「めんどくさい」「なくしたい」「やめたい」。その代わり「こんな仕事がしたい」「こんなプロセスに変えたい」。そんな声を、半径5m以内からあげていきましょう。

解決策

やめることを決める／決めさせる

とにもかくにも、日本のレガシーな組織においてはやめることが苦手です。新たな業務を増やすことはするが、やめられない。もちろんIT化の検討も重要ですが、それ以前に、

・やめる体験
・やめることを決める体験
・ラクをする体験

を、半径5m以内からでもすべきでしょう。そのために、越境して外の世界を見るのもありですし、外部の有識者や専門家の力を借りるのもありです。中の人たちだけでは、自分たちのやってきたことの無理や無駄に気づきにくいですし、周りに忖度して大胆な提案もしにくいですから。

特に生真面目な管理部門ほど、チャレンジや変革を推奨するとかえって余計な仕事を増やしがちです。殊に管理・間接部門においては「何かを始めること」だけではなく「やめること」を評価する。そんな人事評価制度も必要ではないでしょうか。

いずれもその業務が生まれた当時は、合理性があったのかもしれません。しかし、いかなる業務も時代の変化とともに陳腐化します。役割を終えた業務に、正しくお引き取り願う、すなわちやめるのも大事なマネジメントです。

ただやめるのではなく、目的を疑ってみて、より良い方法に改める。相手の理解を得ることでなくす、相手のスキルやリテラシーを高めることで発展的解消ができる。

そのような「やめるためのきっかけ作り」「やめさせるためのマインドシフト」も重要なマネジメントです。

とはいえ、その仕事を存在意義としている人にとって、仕事をなくすのは脅威。当然抵抗します。仕事をなくす抵抗にどう向き合うか？

次に続きます。

解決策

管理部門や事務担当者の「次の役割」「次の期待」を一緒に描く

「管理・間接業務をなくす？　事務作業から決別する？　とんでもない。そんなことをしたら、自分たちの仕事がなくなってしまうではないか！」

管理・間接部門の人たちからはこんな叫びが聞こえてきそうです。経営者や人事部門の担当者も「理想はわかるが、現実的には……」と躊躇するでしょう。解雇規制が強いと言われる日本社会は、社員の雇用を守る意味でも仕事をなくしにくい。労働制度や社会保障制度も、終身雇用モデルを前提に設計されている。

そうでなくても、これまで会社組織に忠誠を尽くして頑張ってきた人たちへの恩義がありますから、経営者も大ナタを振るいにくいリアルがあるでしょう。

「浮いた時間」で何をするか？

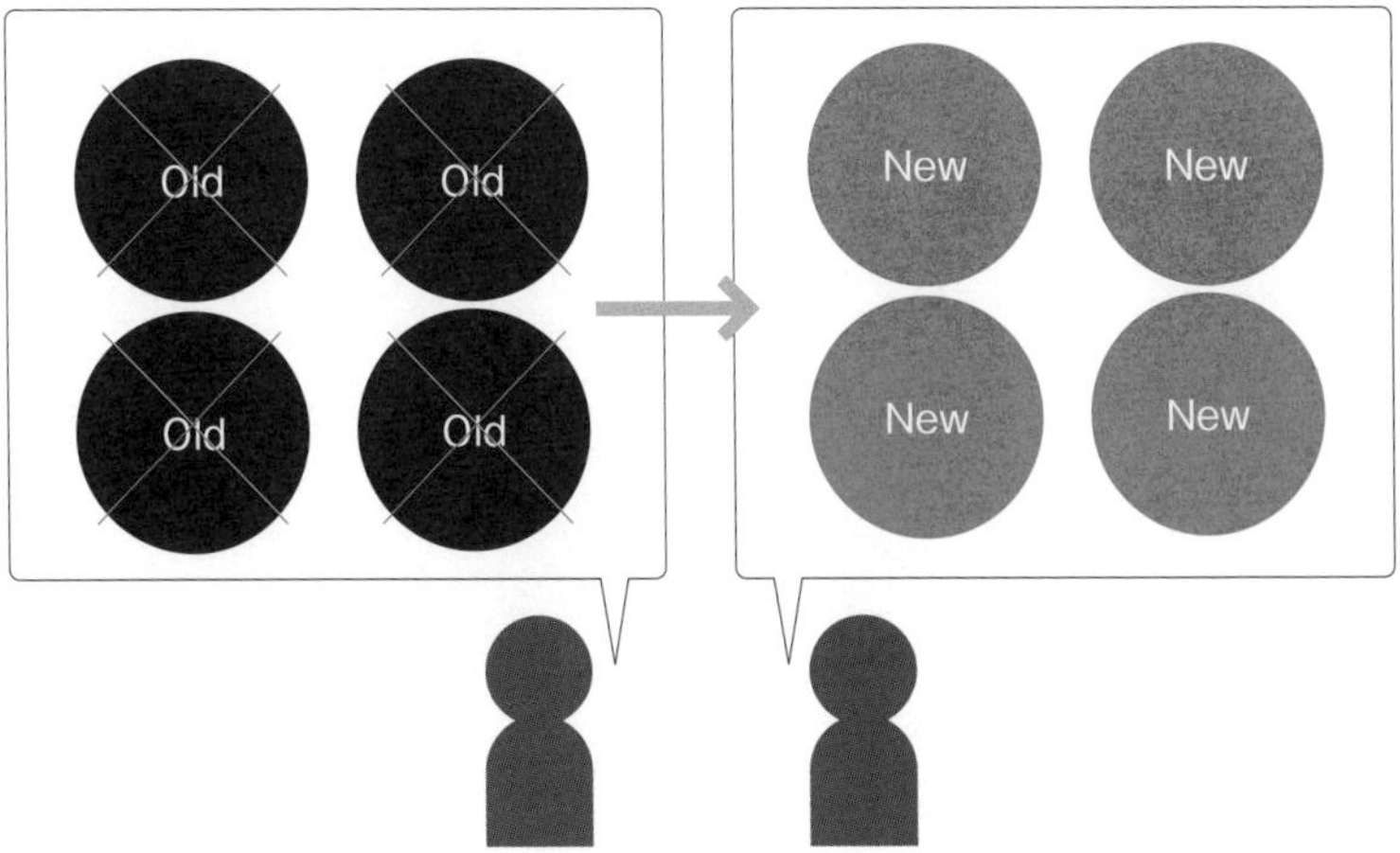

改善や改革をするとき、

「浮いた時間で何をするか？」
「次に何をするか？」

を併行して議論していく必要があります。そうでないと、仕事を奪われる人たちはほぼ間違いなく抵抗します。

これは管理・間接業務に限った話ではありません。経営者や組織開発担当者、人事担当者は、これらを対象部門の人たちと一緒に考え、一緒に議論し、一緒に描いていきましょう。

管理・間接業務や、その部門がネックとなって組織がイノベーションできない。裏を返せば、管理・間接部門が変われば、組織は間違いなく強くなる。そのくらい、管理部門の重要性とインパクトは大きいです。

私は「バックオフィス2・0」と称し、人事、総務、経理、財務、広報、購買・調達、法務、監査などいわゆるバックオフィスと呼ばれる管理・間接部門のこれからの姿を描いています。その一例をお話ししましょう。

たとえば製造業の購買部門や調達部門。これまではお取引先を呼びつけて強気な交渉をし、価格を下げることが大きなミッションだったかもしれません。相見積もりを取って、安値の取引先を選ぶことがミッションだったかもしれません。

しかしながら、そのやり方はもはや効力を失いつつあるのでは？　少子高齢化による労働力不足で、お取引先も利益確保と人材確保に必死です。自社を買い叩いてくる取引先は、たとえ大手であってもお断り。相見積もりやコンペは一切お断り。そう経営方針を変える中小企業も増えてきました。

自社の事情を理解し協力してくれる顧客としかつきあわない。そう言い切る中小企業の経営者もいます。

これからの時代は、お取引先を呼びつけて買い叩くのではなく、自ら外に出ていって協力者となり得るビジネスパートナーを探す。そのくらいの行動変容が、購買部門・調達部門の担当者にも求められるのではないでしょうか。

ビジネスモデル変革が求められる時代、なおのこと今までの業界、今までのお取引先だけと議論していても答えは見つかりにくい。業界の外にもアンテナを立て、越境して新たなビジネスパートナーを見つけてくる。それができる購買・調達部門は、事業部門はもちろん、経営に資する部門としてプレゼンスも今まで以上に上がるでしょう。

組織でのプレゼンスが上がれば、たとえば「新規ビジネス企画の構想段階から関わってほしい」のように、よりビジネスの最前線または重要な局面に参画する機会が得られるようになるでしょう。そうして、管理・間接業務のプロがどんどんと意思決定の最前線に出ていってほしいです。そのほうが、仕事の醍醐味や面白味も増すでしょう。

そのためには、自社のビジョン・ミッション・バリュー・パーパスなどを深く理解し、自分自身の言葉で語れるようにする。そうして、自社や自社の課題に共感してくれるファンを見つけられるようにしなければなりません。

行政の職員にしても同じです。私は、地方自治体向けの講演などで「これからの時代、

行政職員の皆さんは地域の課題を解決するファシリテーターであってほしい」とメッセージしています。

煩雑な事務手続きやチェック業務で、自らも疲弊しつつ住民や地域の経営者の時間と気力と体力を溶かしストレスを増やすのではなく、それらの事務作業から解放され（またはＩＴに任せて）フィールドにどんどん出ていく。

住民や地域の企業と、地域の外の専門家と対話し、課題解決のために汗をかく。そうして地域のファンを増やしていく。行政職員は、地域課題を解決するファシリテーターとして活躍してほしいと思います。

優秀な公務員の人たちを、管理・間接業務や事務作業で疲弊させるのはもったいないですし、それこそ税金の無駄遣いです。なにより、地域の課題解決のファシリテーターとして飛び回る公務員。カッコイイじゃないですか！

もちろん「**バックオフィス2・0**」「**行政2・0**」にアップデートするためには、相応の能力開発への投資が必須ですし、人事評価制度も刷新する必要があります。ぜひ第４章を読み返して議論してください。

解決策

バックオフィスのブランドマネジメント教育

ブランドというと、広報やマーケティング部門の人たちだけが実践すればよいものと思われがちですが、私はそうは思いません。むしろ、**管理・間接部門のような一見してマーケットに遠い人ほど、ブランドを意識**し、今までの常識で悪気なくファンを遠ざけてしまわないような振る舞いを心がける必要があります。

これまで見てきた通り、管理・間接部門の人たちやその振る舞い、事務作業など管理業務のあり方がその企業のファンを創るチカラ、すなわちブランドを左右します。**管理部門の振る舞いや、管理部門が規定した事務作業は、その企業と他者とのファーストタッチポイント（初期接点）だからです。**

事務作業が煩雑な企業は、顧客や取引先や社員を遠ざけます。たとえば、入社手続き一つとってみても、インターネットで簡易に行うことができるのか、手書きの書類を書留で送らなければならないかによって、入社候補者のその企業のイメージは大きく異なるでしょう。


「うわ……この会社、めんどくさそう」

「いまどき紙&手書きの書類を求めるなんて、古い企業体質の会社なんだな……」

「誰もこの仕事のやり方を問題に思わなかったのかな？　この会社、中からのアップデートが働かないのかしら……」

「入社してからも、雅《みやび》な事務作業が多くて本業にフルコミットできない会社なのではないか」


また、心ある社員ほど、雅かつ古いやり方で入社候補者・顧客・取引先など外の人たちの手を煩わせる自社に対してモチベーションを下げます。そもそも、その事務作業を代行するのは事業部門だったりしますから、**事業部門の人たちも重厚長大かつ自分たちの本業ではない事務作業につきあわされて、嫌気がさしていたりする**のです。


「自社が恥ずかしい」

「自社が情けない」

自社のブランディングは全部署で徹底

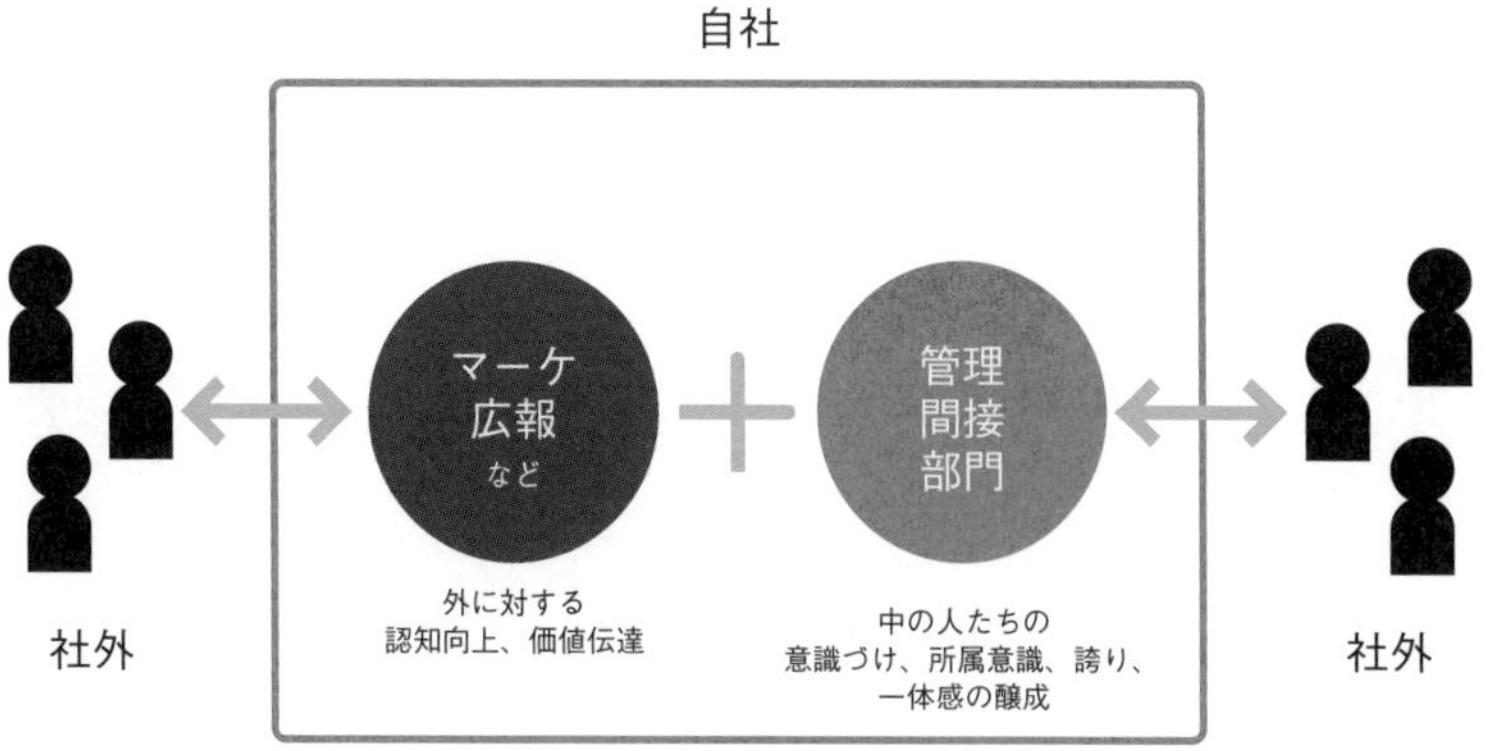

自社独自かつ煩雑な事務作業は、外部ステークホルダーのみならず社員も自社のアンチにしてしまうのです。

一般的に、管理部門は社外のステークホルダーから遠い人たちとされています。だから、意識が内に向きがちで、ブランドマネジメントの意識が働きにくい。

しかし実際、管理部門および彼ら／彼女たちが設計して規定する事務作業が、社外の人たちや社員のブランドイメージを大きく左右します。これからの時代、社内外の人たちとスマートにコラボレーションできない組織はリスクです。

管理・間接部門こそブランドマネジメントを真剣に学び、そして事務業務をスマートに改善してください。

解決策

ツールの統一と業務の可視化も肝

管理・間接業務の改善には、プロセスやツールの統一も極めて重要です。

「忙しい」「改善するヒマがない」と嘆いている職場ほど、担当者によって仕事のやり方がバラバラだったり、Excelやマクロなどを現場の創意工夫でもって作って運用するなど、個別最適な対応をしていることが多いです。**いわゆる業務のサイロ化**（※9）**が起こっています。**

どの組織でも共通して発生する管理・間接業務ほど、クラウドサービスなどのITを活用した汎用的な仕組みに載せ替えていきたいです。汎用的であることは、仕事や情報を共有しやすくサイロ化させにくい。なおかつ、転職者など外から来た人の業務の理解と習熟のハードルが下がり、即戦力で成果を出すことができるようになります。

全員が汎用的なITツールを使って仕事をすれば、そこで仕事をしているだけで業務の進捗やボトルネックをラクに見える化することもできます。

たとえば、法務担当者による契約文書の書面のチェックの業務。今までは、事業部門の担当者から依頼を受けて、確認して回答し、契約締結するまでなんとなく1カ月近くかかっていたとします。

ところが、法務系のクラウドサービスによっては、依頼を受けてから書面チェックの完了、および契約締結まですべてオンラインで完結することができ、なおかつどれくらいの日数がかかったのか、どの作業に時間がかかっているのかを記録し数値で示してくれます。

「最初のチェックで1週間もかかっている。なぜか？　2日に短縮できないか？」
「全工程を1週間で終わらせるためには、どうすればよいか？」

同じツールを用い、行動を記録することで今まで感覚的に行っていた仕事を定量化し、前工程や後工程にとって付加価値ある業務に進化させるための議論ができます。人により異なるツールを使っていたり、アナログな環境で仕事をしていてはこうはいきません。また、改善の成果も見えやすく、実感しやすいです。

（注9）サイロ化＝組織の中で、業務・データ・システム・部門などが分断され、独立してしまっている状態。組織内で連携が取りづらく、業務に支障が出やすい。

「テンプレートを用意して活用するようにしたら、3時間かかっていたチェックが30分で完了するようになった」

改善の成果が数値データとして見えるようになることで、管理・間接業務の現場の人たちが手ごたえある成長実感を持つことができます。

①ツールを統一する
②問題を可視化する
③改善の成果や変化を可視化する

この3つは「自分たちで問題を解決した」「自分たちで改善できた」体験をチームにもたらし、さらなる改善を後押しします。

加えて、リーダーやマネージャーは「1時間も短くなったね」「手戻りが3割も減ったね」など、ポジティブな変化を積極的に言語化してください。その一言が、チームに変化の実感をもたらし、「改善することはいいことなんだ」という共感を形成します。組織のカルチャーは、言語化の積み重ねによって醸成されるものですから。

解決策

「経理、表出ろ」「総務、外へ」

お堅い組織、お堅い管理・間接部門は例外なく「井の中の蛙」であることが多いです。つまり、外に出たことがない。他社や他業界のやり方を知らない。法律やITテクノロジーの動向などに疎《うと》い。自分や自社の常識が、世の中の常識だと思ってしまっている。そうして、いわゆる内規（その会社組織の内部規則）に異様に固執し、社内外の人たちと無駄な揉め事や手戻りを増やしたりしています。

たとえば経理担当者。自社の事業部門とお取引先のやりとりの、最後の最後にまるで「ラスボス」「裏ボス」（ゲームで最後に登場する意外な強敵［ボス］のたとえ）のように登場して「**請求金額の明細を記述してくれ**」「**件名や日付を変えてくれ**」「**金額そのものを変えてくれ**」とちゃぶ台返しするケースは珍しくありません。

事業部門の担当者にも非はあるかもしれませんが、いずれにしても相手に無駄な時間、労力、コスト、機会損失を生んでいます。事業部門の担当者も、本業外の手戻りや残業が増え、なおかつお取引先に申し訳なく「正直、勘弁してほしい」でしょう。

私はこのような、ちゃぶ台返しが発生するたび「経理、表出ろ！」と思います（あまりにひどいケースにおいて、言ってしまったこともあります）。

経理部門や総務部門などの管理・間接部門はその特性上、社外に出ないことが多い。それが、管理・間接部門の井の中の蛙化を加速させ、ビジネスのペインポイント（痛み）に**無頓着だったり、自社のルールの時代遅れぶりに鈍感になってしまう**面は大きいです。

・ビジネスの上流から参画し、手戻りがないように事業部門やお取引先にアドバイスする／一緒に悩む
・ジョブローテーションで事業部門の最前線を経験し、ビジネス感覚を身につけてもらう
・社外のフォーラムや講演会などを聴講し、世の中のトレンドやIT技術を把握する

「経理、表出ろ」「総務、外へ」。

この動きや働きかけも、組織を正しくアップデートするために欠かせないのではないで

しょうか。

え、表に出る時間がないですって？　その時間を創出するために、業務改善やＩＴ導入を進めるのです！

なにより、そんなことを言っていたらいつまでたっても管理・間接部門の価値は正しく上がらないです。正しく外に出て、自ら目指すべき「２・０」の姿を言語化していってください。さらに以下、いくつか管理・間接部門の越境の形を提言します。

①ある経営課題（たとえば：人材採用と定着）に対し、人事部門と広報部門と情報システム部門と総務部門で協働して解決する（クロスファンクションプロジェクト）

いわば社内越境。今までは、一つの経営課題につき、一つの部門が解決してきたことでしょう。ところが、複雑化する世の中においては、そのテーマは一つの部門単独で解決できるとは限りません。

たとえば人材採用と定着。この経営課題は、もはや人事部門だけでの解決は難しいのではないでしょうか。良い人と出会い、仲間になってもらい、プロとして成長して威力を発揮してもらい続けるためには、ＩＴを活用して自社を訴求していく必要があります。

テレワークなど時間や場所にとらわれない働き方や、コミュニケーションやコラボレーションが起こりやすい職場環境にオフィスもアップデートしていかなければならないでしょう。これらは、人事部門だけが頑張っても実現できるものではない。広報部門、総務部門、情報システム部門などと連携して、すなわち社内で越境してコラボレーションする必要があります。

②複業人材だけで管理・間接業務を担う

少し大胆な発想です。たとえば総務や経理などの管理・間接業務の全員または一部を、複業人材にしてみてはいかがでしょう?

- 事業部門との兼任者で構成する
- 複数の企業の総務・経理との兼任者（つまり、複業［パラレルキャリア］人材）で構成する

全員または一部の人を越境人材にすることで、外の風が入りやすくなります。また、その組織のその仕事だけにかかりきりになるわけにはいきませんから、効率良くかつ手戻りなく仕事したいモチベーションが生まれやすくなります。

毎日出社しなくても済むように、ペーパーレスにしたり、テレワークで対応しやすい汎

用的なクラウドサービスを活用するといった動機も生まれやすいです（そもそも毎日通勤などしていたら、複業人材はそれだけで過労で倒れてしまいかねません……）。

③ＩＴエンジニアやデザイナーを入れる

事務職だけで組織を固めると、悪気なく煩雑かつ「一見《いちげん》さん泣かせ」なプロの事務員仕様の管理・間接業務や事務作業が増えやすいです。仕事のやり方や考え方を変えるには、今までとは異なる属性の人を組織に取り入れるのも大事。

たとえばＩＴエンジニアやデザイナーなど、**いわばこれまでとは特性や能力が異なる異質な人を採用する**。そうして、ものごとを仕組みや仕掛けで解決したり、「正しくラクをする方法」を実装する。

とはいえ、ただＩＴエンジニアやデザイナーを入れただけではダメです。それまでの、事務職然とした職場環境や価値観、評価制度では能力を発揮できないどころか、悪気なく傷ついて無力化してしまう可能性があります。

異質な人が「村八分」にされないようなマネジメントもものすごく大事です。一度アンチにしてしまうと、異質な人がその組織に二度と寄りつかなくなります（これもブランドマネジメントの考え方ですね）。組織に異質な人を登用する場合、

・複数名を登用する（一人にしない）
・意思決定層（管理職など）とプレイヤーそれぞれに配置する
・メンターをつける

このようなマネジメントも求められるでしょう。もちろん、本人とネイティブの住民（今までその組織にいた人たち）それぞれへの期待などを、トップやリーダーがメッセージしていくことも重要です。

④アウトソースする

役割を終えつつある管理・間接業務はアウトソースしてしまうのも手です。ただしあまり考えずに、グループ子会社など同質性の高い人たちに任せるのはときに筋悪。

親会社の言いなりのマインドセットで思考停止、なおかつ権限も主体性も奪われてしまっているものですから、無駄な業務を温存したり改善が一向に進まなくなるリスクを伴います（もちろん、グループ子会社の意思決定層やメンバーのリスキリングも急務だと思いますが……）。

解決策

イケていない士業との決別

社外の専門家がイケていなくて、その企業組織の管理・間接業務がいつまでたってもアップデートされない。そんな切ないケースも散見されます。

税理士、社会保険労務士、公認会計士、弁護士……いわゆる士業と呼ばれる人たち。法の動向やＩＴサービスに敏感で、どこまでペーパーレスで問題なく管理・間接業務を実施できるか？　正しくラクできるか？　を助言してくれる士業の先生方ならさておき、いまだに紙・ハンコ・印刷・郵送にこだわる人たちもいます。

そのような時代遅れの専門家は、組織の正しい発展を阻害します。化石のような士業先生とは手を切り、**自組織のアップデートを支援してくれる士業先生に鞍替えする**。その経営判断も必要ではないでしょうか。

解決策

管理部門を最高のナンバー2に

旧態依然の管理・間接部門（バックオフィス）は、組織の成長を阻害します。アップデートできる管理・間接部門は、組織の成長を牽引します。

私は、管理・間接部門は最高のナンバー2であるべきだと思っています。

いわゆる直接価値を発揮する立場ではないものの、これまで見てきた通り、組織全体の意思決定やコミュニケーションのスピードや質を左右します。なおかつ、管理・間接部門は社員を含む社内外のステークホルダーとの接点は多く、彼ら／彼女たちのブランド体験を創出し、ファンにもアンチにも変え得る重要なポジションです。

ＩＴシステムにたとえて考えてみましょう。直接価値を創出する事業部門や研究開発部門がアプリケーションだとするならば、管理・間接部門はすべてのアプリケーションの挙動の良し悪しを決めるミドルウェア（データベース、認証の仕組み、セキュリティ、アプリケーションやサーバの監視システムなど、裏方を守る仕組み）ととらえることができます。

そして、どんなにアプリケーションが優秀でも、ミドルウェアが正しくアップデートされなければアプリケーションは期待通りの挙動をすることはできないのです。それくらい、ミドルウェアである管理・間接部門のマインドやスキルのアップデートは重要です。

その管理・間接部門が、今までの考え方ややり方に固執して、ナンバー1になろうとすると組織はおかしなことになる。

私は、管理・間接部門しか経験のない人、コスト削減・時間削減一辺倒のマネジメントだけで成果を上げた人が企業のトップに君臨し、組織の屋台骨をボロボロにしてきたグローバル企業も見てきています。

そういう人は最高のナンバー2であって、ナンバー1であってはいけない。政府や中央省庁、行政にしてもしかりでしょう。国民や住民の成長と発展を促進する、最高のナンバー2であってほしいと私は思います。

そのためには、管理・間接部門にも変わってもらわなくてはならないですが、私たち全員が管理・間接業務を生業とする人たちに正しく期待し、正しくともに変わっていく。従来の管理・間接業務から正しく解放され、ＩＴを活用して正しくラクになり、皆が正しく成長する。そんな世論と体験を増やしていきましょう。

さもないと思考できる人が次々に無力化されてしまいますし、未来に向けて活躍すべき人が正しく活躍できません。イノベーションも起こりません！

脱・事務作業大国日本！

第6章

理不尽な「社会構造・通念」をどうする？

そもそも日本の社会構造や通念が過去に最適化しすぎていて、人々の思考や行動を停止させている、または新しい考え方や振る舞いを邪魔しているのではないでしょうか？

その状況下で、特定の企業組織や地域だけを責めたところで、抜本的な改善や変革を望むことはできません。

最終章では、古き日本の社会構造、社会通念のまずさ加減を指摘しつつ、私たち一人ひとりが半径5m以内からできることは何かを提言します。

賞味期限切れした日本社会の構造や通念、
どこから変える？　どこからアップデートする？

問題点
01

労働法・税制・社会保障制度

これって、誰得?

転職や独立がタイヘン!!

よくよく考えてみると、**日本の労働法制**そのものが製造業などの統制型(ピラミッド型)モデルに、かつ人が流動しない前提で最適化されすぎてしまっています。

- 1日8時間×5日以上労働する前提
- 固定的な場所に毎日出社する前提
- 休憩時間や休暇のルールも固定的

いわば、製造現場でものを作る人たちの生産性を向上させるために設計されてしまっている。職種の特性や個人の事情に応じた変則もあるものの、例外的な扱い。

これでは自由度が低く、時短勤務の人、複業をしている人、週5日未満で働きたい人、マーケティング・デザイン・ITエンジニアリングなど新たな専門性を持った人たちにとっては窮屈で、正しく活躍することができません。

休暇の運用についてもしかりです。日本でも人材の流動化が進み、転職も珍しくなくなってきました。ところが、会社が変わると有給休暇の残日数は**ゼロリセット**されます。それは仕方ないにしても、新たに入社した会社では有給休暇の付与日数が新入社員と同等で少なかったり、試用期間はそもそも有給休暇が付与されない企業もあります。

こうなると、小さなお子さんがいる人、親の介護をしている人、病気や怪我《けが》持ちの人、複業や社外で勉強をしている人などにとってはなかなかしんどい。子どもがインフルエンザにでも罹《かか》ろうものなら、一発アウト。

上　　司「有給を早めに消化してね」

中途社員「有給休暇の付与日数が少ないんです……。年度末に子どもが体調崩したらと思ったら怖くて今は休めません……」

上　　司「あ、なるほど……」

中途入社の社員は休暇の貯金に走らざるを得ない。こうして、ほとんど仕事がなく多くの人が有給休暇を消化しているお盆期間に、中途入社の社員だけが出社している景色も見かけます（この現象を私は「消化試合」と呼んでいますが、なかなか虚しいですね）。これ、誰が得するのでしょう？

税制や社会保障制度も問題です。政府も複業を促進していますが、その一方で確定申告など納税するための煩雑かつ無償労働なブルシットジョブについては見直そうとしない。むしろ、インボイス制度など国だけが儲かって申告者にとっては間接業務によるタダ働きが増えるだけで何の得もない制度を平然と導入しようとしている。**「事務作業ハラスメント」**とでもいいましょうか。発想がブラック企業のマインドそのもの。まるで顧客志向、デザイン思考がない。

それでは、複業者やフリーランスの人たちは無駄な間接業務で体力も気力も奪われますし、複業やフリーランス化を躊躇するでしょう。国は複業やフリーランス化を促進したいのか、邪魔したいのかよくわかりません。なんていうか、国としてのブランドマネジメントやビジョンニングがまったくもってできていない。

年金や健康保険などの社会保障の諸制度も、一社で勤め上げる人が優位。離職や転職をする人に不利な設計であると言わざるを得ません。

会社を辞めた多くの人が国民健康保険に加入せざるを得なくなりますが、これがなかなか高く、会社勤めをしている人に比べての負担があまりに大きい。手続きも果てしなく面倒くさい。

転職をするにしても「ブランク」の期間を作りにくく、かつフリーランスの人たちが活躍しにくい背景の一つです（とはいえ法人化すると、それはそれで面倒な手続きが山のように降ってくる……事務作業大国日本め！）。退職金についても、定年退職まで勤め上げた人が最も有利でしょう。

「人材の流動性を高めよう！」

「複業を推奨します！」

国や企業組織は口ではそういうものの、社会制度や労務制度にトラップだらけ。いわば**一つの会社組織に勤め上げる人たちに最適化された制度が、人の流動性を妨げているの**です。

賃金を上げろと民間企業にプレッシャーをかける一方、税金と社会保障費を上げまくって手取りはむしろ減る。さらには、自分たちが税収や社会保障費を増やしたいがためのブルシットジョブやタダ働きを乱発させ、スタートアップの起業家や複業などで正しく活躍したい人たちの足を引っ張る。

こんな愚かなことをやっているこの国の政府や官公庁は、本気で経済を回していく気があるのでしょうか？　税制も社会保障制度も、バグだらけです。

問題点
02

終身雇用・年功序列構造

これで一生安泰

なんであんな人が……

日本社会の、解雇や降格をしにくい制度やカルチャー（いわゆる「解雇規制」が強い）も災いしています。

・入社したモン勝ち
・年功序列で昇進したモン勝ち

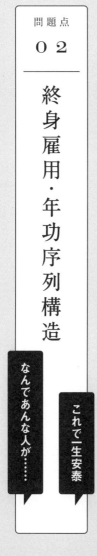

特に日系の大企業は、いったん入社および昇進した人に対して、その後にダメ出ししにくい。今でこそ人事評価制度や審査の制度もこなれてきたとはいえ、かつてはそのプロセスも技術もセオリーも確立していませんでしたし、過去の一括大量採用の時代には、一人ひとりの適性を丁寧に見極めることも難しかったでしょう。

言葉は悪いですが、**入社時に面接官をだましたモン勝ち**。入社してしまえば、勉強しなくても定年まで安泰な身分が保証される。こうして「学ばない」「変化を嫌がる」集団ができあがってしまうのです。

このように思考停止、成長停止を決め込んでしまった人たちも企業組織は**レイオフできない**。でもって、半ば雇用確保の大義名分で、そういうお堅い人たちを管理・間接部門に配属する。これがまた厄介なことに、管理・間接部門が粘土層と化す。

降格しにくい仕組みや文化も、組織の思考停止、行動停止を助長します。年功序列でなんとなく管理職になってしまった人が、能力もないのに（あるいは能力が陳腐化してしまったのに）そのまま権限を持ち続ける。

さすがに問題だと思った人事部門は、管理職登用の人事評価を厳格に行おうとする。ところが、ここにも一つのジレンマが生まれます。

現任管理職と新任管理職の能力差のギャップが広がる（新任のほうが能力が高い）。

若手や中堅社員が新たに管理職に登用されるハードルは年々上がる。とはいえ既に管理職や意思決定層に昇りつめてしまった人は無風のまま居座り続ける。

その結果**「なんであんなダメな人が意思決定権を持っているのに、私たちの昇格のハードルだけは高いんだ……」**と、優秀な若手や中堅社員、あるいは中途採用で入った人たちは組織に不信感を募らせていくのです。

一方で、現任管理職サイドの「不公平感」も無視できません。今の意思決定層の中には、マネジメント能力や専門性は高くない（あるいは陳腐化してしまった）かもしれないけれども、独特の「昭和時代のコミュニケーション力」と忖度力で上司に気に入られて昇格して今の地位を築いてきた人もいるのです。

それはそれで理不尽な思いをしてきたでしょうし、努力の賜物でしょう。なのに、若手や中堅はその苦労をスルーしようとする。そこを面白くないと感じる人たちもいるようです。

問題点

03

下請け・多重請負構造

会社の数だけ、金とられるよ♪

ブラックな仕事ばっかり

自動車業界、ゼネコン、IT業界など幅広い業界に根強い、下請け構造、多重請負構造もさまざまな断面で思考停止社会を温存および助長してしまっています。

①意思決定のスピードと質が悪い

親会社や元請けの言うことは絶対。その親会社や元請けの意向は、2次請け、3次請けと中間会社を挟んで末端の実働部隊に伝えられる。

これではコミュニケーションのスピードも落ちますし、さらには皆指示待ち、受け身の姿勢になりやすいです。**待ったがかからないし、正しい議論も生まれない**。そして、間の階層をすっとばして話をしたり、先走ろうものなら、上の階層の企業や責任者に厳しく指摘される。伝言ゲームの過程で、話が曲解されて伝わりやすいのもなかなか厄介です。

たとえば元請けの責任者が「時間があったら改善提案をしてほしい」と言ったとしま

す。1次請け、2次請けの伝言ゲームの過程で憶測や忖度などの尾ひれがアドオンされて、3次請けの会社からある日突然「改善提案の指示についてですが……」とレスポンスがあったりする。「時間があったら」「余裕があったら」程度の発言が、多重請負のメッセージリレーを経て、いつの間にか「指示事項」にすり替わっている。

ボトムアップ、すなわち現場から元請けのコミュニケーションにも問題があります。たとえば3次請けの現場の担当者がある業務の問題点に気づいたとしましょう。元請けに改善提案をしたいが、そのためには、いちいち上の階層の会社に報告したりそのための書類を作成しなければならない。

これがまた手間がかかる。第5章の「事務・間接業務」の問題との相乗効果で、地獄絵図。たちまち報告のための仕事の嵐になります。その過程で大げさな話に発展することも。やがて**「面倒なことになるから、余計なことはするな！」**と直属の上長から釘を刺される。

こうして現場の担当者の善意も、主体性も、思考力も奪われていきます。この状況、放置すると「ヒヤリ・ハット」が共有されにくく、悪気なく問題が隠蔽されやすい組織風土を作りますから、ガバナンスやコンプライアンスの面でも要注意です。

②発注者と受注者の期待と価値のギャップ

ＩＴ業界などではよくある話ですが、介在する会社の数だけ中間マージンが発生します。たとえば、元請けの顧客がＩＴエンジニアに対し請負で仕事をお願いするとしましょう。そのＩＴエンジニアは3次請けの会社の社員です。

元請けの顧客は、1次請けの会社に対し1カ月150万円の対価を払うとします。1次請け、2次請けはマージンを取り、3次請けは60万円、さらにＩＴエンジニア本人の取り分は当然さらに低い金額になります。ここに大きなギャップが存在します。

元請けの顧客は150万円の能力や成果を期待する。ところが3次請けの会社は60万円しかもらっていない。**60万円しかもらっていないのに（さらに本人は諸経費や管理費が差し引かれてそれより低い金額しかもらっていないのに）、150万円の期待をされても割に合わないでしょう。**

せめて3次請けの担当者が、自分たちが150万円で売られていることがわかっているならば、相応の割り切りようや振る舞いようもありますが、知らされない（隠される）ケースも少なくないです。こうなると、期待と提供価値のバランスを取る行動、すなわち期待値コントロールが不能になります。

1次請け、2次請けもマージン相応の価値を元請けの顧客に提供していれば話は別です

多重下請け構造で「ブラックな仕事」が増える

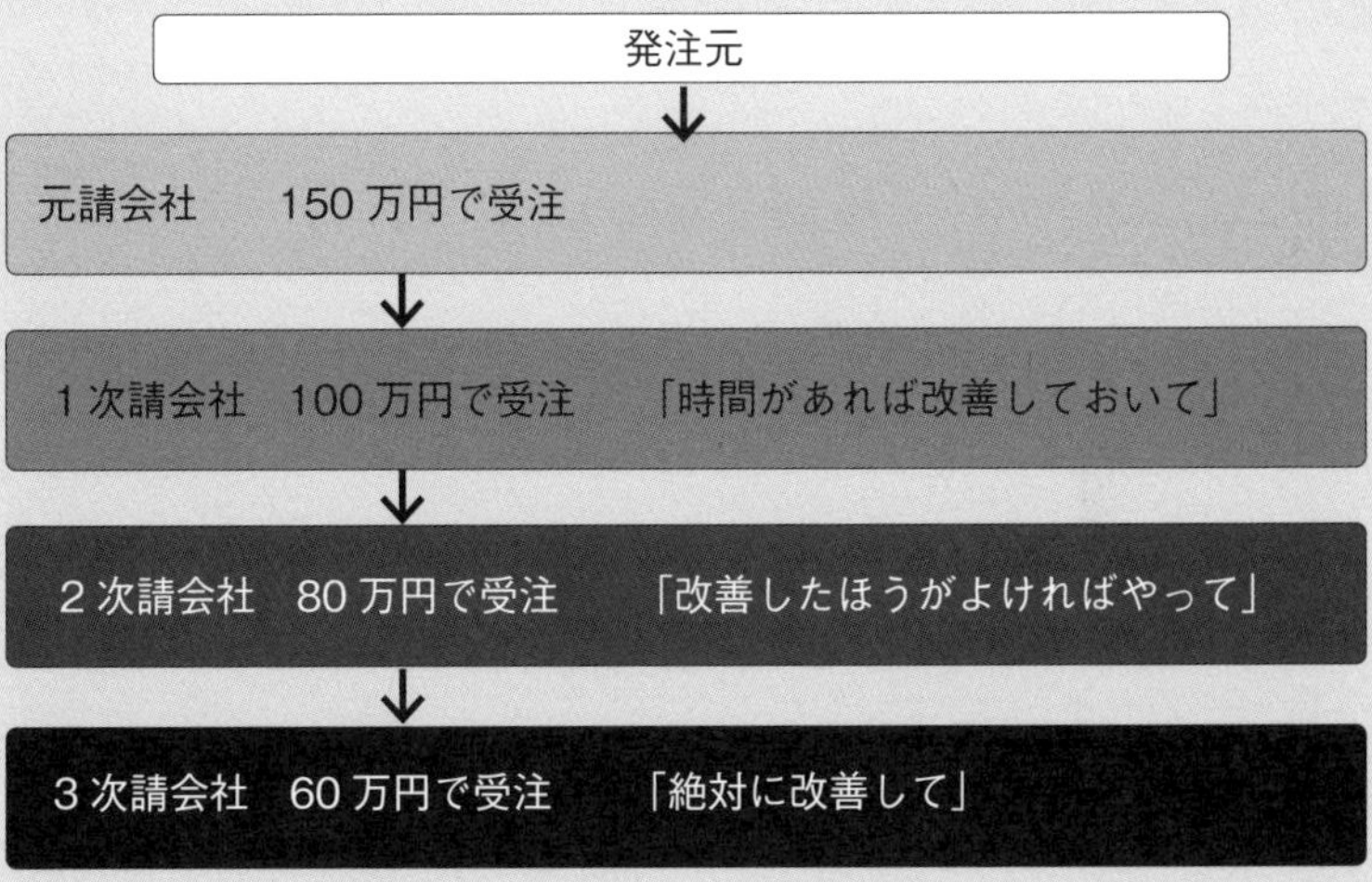

が、**マージンだけとってほぼ何もしない、**むしろ無駄な報告業務などを発生させて3次請けの現場の人たちの時間と能力を無駄遣いする目も当てられないケースも散見されます。

③元請けの殿様化を助長

下請け構造、多重請負構造のビジネスモデルは悪気なく元請けの顧客を殿様にします。私は自動車会社出身なのですが、在職中は社内の若手やお取引先に対して偉そうな態度をとる「残念な」役職者が業界全体にそれなりにいました。

最近はコンプライアンスなどが言われるようになり、改善されてきたと信じたいですが…。

・部下や若手に対して上から目線、命令口調
・お取引先にタメ語で話したり、罵声を浴びせる
・お取引先に一方的な要求や値下げ交渉をする
・「意見交換」「情報交換」の名目で、取引先から受けたアイディアや提案を、別の取引先に流して安値でやらせる（いわゆる提案泥棒）
・「自分（たち）が気持ち良くなるため」だけの、接待やらエンターテインメントを相手に強要する

組織としても人としても恥ずかしい限りですが、長年、日本の産業構造において優位であった業界の頂点にいると、なおかつそのような先輩の背中を見て育って権限を持ってしまうと、悪気なく「井の中の蛙」な殿様になってしまうのでしょう。

1次請け、2次請け、3次請けの人たちからチヤホヤされ、ある意味で甘やかされて育つと自分が偉いと勘違いしてしまいがちです。

横柄に振舞うレガシー産業の役職者。その姿を見て、健全な若手や中堅社員は「自社が恥ずかしい」「みっともないから、この人と仕事したくない」と思い、会社組織に対するエンゲージメントを下げていくのです。なにより、こういう勘違いした偉そうな人たちっ

て、定年後の再雇用や再就職先があるのですかね。人生100年時代のリスクだと思います。

かつては栄華を誇った自動車業界も、いまや斜陽産業ととらえている人もいるくらいです。そのような産業構造の変革期において、自分の業界が強く自分たちが偉いと思い込んでしまう。思考停止して、過去と同じような強気な振る舞いを繰り返してしまう。

それでは協力者はどんどんと遠ざかっていきます。**長年かけて築いてきた業界や企業組織のブランドを、思考停止した古い人たちが食い潰してはいけません。**

問題点 04

「皆で苦しむ」労働観

自分だけラクをするな

仕事は遊びじゃない！

どうも日本のレガシーな組織、レガシーな人たちは「仕事とは皆で苦しむもの」のような労働観が強い気がしてなりません。

楽しそうに仕事をしていると**「楽しそうでイイね……」**と嫌味を言われたり、**「あなた**

たちだけテレワークしていてズルい」と言われたり。

ある中堅企業では、担当者が部課長会議の日程調整をオンラインの日程調整ツール（各自が、画面のカレンダーに示された会議候補日程の選択肢に「○」「×」で都合を回答するシステム）で行おうとしたところ、上司に「ラクしようとするな」「部課長会議は緊張感のある場だ。今まで通り、部課長にメールか口頭で都合を聞いて回れ」と指摘され邪魔されたと言います。その担当者は、今でも部課長会議のたびに個別に予定を聞き回っているそうです。

そのほか、思考停止した前時代的なよもやま話は全国各地の職場で見受けられます。

・社内や部内で活用しているTeamsやSlack。スタンプで意思表示をしていたら、「スタンプはふざけている。仕事なのだから」と上司からモノイイがつき、スタンプ禁止に
・ワーケーション（ワークとバケーションの造語。山間部やリゾート地などで仕事をする新しい働き方）を提案したら、「ワーケーションなんて遊び。仕事と遊びの境界があいまいだからダメ」と人事部門から拒絶された
・部署の電話を廃止し、コミュニケーション手段をメールとチャットのみにしようとしたところ、「隣の部署は電話対応している。不公平だからダメ」と管理部門からNG回答

・育休中に学習してスキルアップしたい人が、オンラインの学習プログラムの受講を会社に申し出たところ、「育休中は育児に専念したい人もいる」「すべての育休者が受けられるわけではなく不公平」「育休を取得しない人に不公平」なる理由で、人事部門が首を縦に振らなかった

かくいう私も新入社員の頃、苦い思いをしたことがあります。会社から貸与されたパソコン。壁紙を北海道の知床の景色の画像にしたところ、先輩社員からやめろとお達しが。

「事務所に相応しくない」

お客様対応をする部署ならさておき、社内の事務部門で景色の画像が「事務所に相応しくない」って、意味がわからず今思い出してもイライラします（苦笑）

「仕事とは苦しいもの」
「仕事に遊び心を取り入れてはいけない」
「ラクをしてはいけない」

このような固定観念から脱することのできない人も少なくないのでしょう。しかし、それでは新しい考え、新しい行動は生まれにくいですし、皆で仲良く思考停止して**「負けパターン」で仕事をしてしまっている可能性**も否めません。皆で声をあげて、そろそろ古い価値観にダメ出ししていく必要もあるのではないでしょうか。

問題点

05

削減脳

もっとコスト削って

効率！効率！

過去50年〜60年の日本経済の成長を支えてきた、製造業型、統制型（ピラミッド型）ビジネスモデルと社会構造においては、削減主義が色濃かったと考えることができます。

・とにもかくにもコスト削減。投資よりも支出を削ることが優先
・とにもかくにも時間削減。「残業削減」「効率向上」一辺倒の生産性向上

身近なところでは真夏の酷暑の下、頑《かたく》なに「エアコン28度設定」を守り、熱さで生産性を下げている。まるで集団我慢大会。正直バカげているとしか思えません。それで熱中症になる人がいたら、生産性どころの騒ぎではありません。生命が危険にさらされます。

日本はことIT技術の導入と活用に関して世界の先進国と比較しても周回遅れが甚だしいと言われており、デジタル後進国とも揶揄《やゆ》されることがあります。

デジタル後進国化の背景の一つに、**ITをコストとしてしか見てこなかった**、マーケットの拡大やビジネスモデル転換などの新規事業創出や利益拡大の目で見て投資してこなかった、IT人材を優遇し投資してこなかったなどが指摘されています。要は、ITを人件費削減の手段くらいにしか思っていなかったのです。

週休3日制導入も、複業促進についても、なぜか人件費削減の方向で論じられます。

- **週3日休んでくれて構いません。その代わり、あなたの給料は減ります**
- **どうぞ複業して自己実現してください。その分あなたの年収は減りますけれど**

本来、より少ない労力でより多くの利益を上げるやり方を実現するのが真の働き方改革であり、真のビジネスモデル変革であり、真の価値向上だと思うのですが、なぜか日本の組織で議論をするとその方向にいかない。

「コスト削減ありき」
「お金は出さない」
「気合と根性でナントカしろ」

企業組織にしても国や政府にしても、その強い意志を感じます。

過去の勝ちパターンが強すぎたのでしょう。製造業型、大量生産型に最適化された生産性の考え方、利益創出の考え方が強すぎて、投資をして新たな価値を生んだり、余白を創出してクリエイティブなものごとを生み出していく発想がない。

管理職においても、コスト削減や時間削減のマネジメントしかしたことがない。会社のお金を使って新しいものごとを始める経験も、自分たちで問題や課題やテーマを言語化し、余白を作り、ディスカッションやトライ&エラーをして解決していく経験も圧倒的に足りていない。実に由々しき状況です。

これでは日本経済もイノベーション力もシュリンク（衰退）する一方。**皆で仲良く貧しくなる未来まっしぐら。**削減脳から卒業しないとヤバいよ日本！

今こそ世の中の悪を暴く！

人の失敗は蜜の味

問題点
06

偏向報道

失敗を許さない文化。チャレンジしない組織風土。無謬性信者が勢いづく社会の風潮。そこには、メディアやマスコミュニケーションのあり方も大きく影響しているでしょう。

・企業の不祥事を執拗に叩く
・トラブルやミスは悪であるような取り上げ方をする
・その割に、改善した話は一切報道されない

最近ではインターネットやSNSの普及も相まって、悪いニュースの拡散速度も劇的に上がってきました。行きすぎた報道、偏向報道がいわゆる「**炎上**」を助長し、何も悪くないその企業の社員や家族が肩身の狭い思いをしたり、行動自粛に追い込まれたり、善意かつチャレンジ精神に富む経営者が退任に追い込まれたりする。

（でもって、管理部門経験しかない出世意欲の高い経営者がトップに着任し、「石橋を叩いて渡る」経営を行い、組織の屋台骨をさらにボロボロにする）

にわかに勢いづく組織内の保守派。鬼の首を取ったように**「それみたことか！」**と大手を振るう。ミスの再発防止策の検討や、ダブルチェック・トリプルチェックなどの仕事のための仕事、クレーム対応や報告対応などの管理・間接業務がますます増える。

成長意欲、チャレンジマインドの旺盛な社員やビジネスパートナーが無力化され、エンゲージメントも下がり辞めていく。負のスパイラルそのものです。

私はメディアの人たちのマインドシフトとリスキリングこそ必要なのではないかとつくづく感じています。

問題点

07

クレーマーが図に乗る風潮

こっちは客なんだから

神対応があたりまえでしょ

こうした偏向報道は、いわゆるクレーマーを図に乗らせます。

「自粛警察」のような、視野の狭く過去ベクトルな正義感でもって、取り締まることが目的化したような人たちをいたずらに活気づかせる。

しかし、彼ら／彼女たちは何も生みません。

狭い日本の中で、どうしようもないことで叩き合い、足を引っ張り合い、チャレンジを恐れる人を増やす。満たされるのはクレーマーの自己満足の欲求だけ。まったくもって生産的ではありません。

なにより、顧客にもファンにも仲間にもならない人に時間を使うのは無駄です。コミュニケーションコストしか発生しない。

これからの時代、悪質なクレーマーに**「うっせーわ！」**を突きつける世論形成や、毅然としたマネジメントも私たち一人ひとりに、そして経営者にも求められるでしょう。

「で、どこから変える!?」
ムリすぎる。日本社会に根づいた古い構造・古い常識

この章で触れてきた要因はいずれも、大きなものばかり。

社会全体の法制度、通念。

それを変えるのは容易ではないかもしれません。

とはいえ**何もせずに手をこまねいていても、世の中は何も変わりません**。それこそまさに思考停止・行動停止です。


最後に、私たち一人ひとりがせめて自分の半径5m以内からできることを提言し、本書を締めくくりたいと思います。

解決策

私たちはそろそろもっと怒っていい

私たち一人ひとりのチカラで、法制度や税制を今すぐ変えることは難しいかもしれません。しかし「おかしい」「理不尽だ」の声をあげることはできます。

「この書類を書いてわざわざ提出しに行くにもコストと機会損失が発生しているわけで、なんとかしてもらえませんか？」

「創業支援、スタートアップ支援と言っている割に、それを邪魔するようなアナログな事務手続きが多くてスタートアップ企業の経営者は疲弊しています。捺印やら印紙やら、正直迷惑なのでいい加減改善してください！」

時代にそぐわない、おかしなルールには「おかしい」と声をあげるべきです。特に就職氷河期世代と言われた人たち（私もその一人）や、それより若い人たちは今まで他責要因

(社会環境、政治の不備など)により散々と理不尽な目にあったり、虐げられてきたのに我慢しすぎです。私たちはそろそろもっと怒っていい。

私の親しい改革肌の社会保険労務士の先生は、無駄な事務手続きを要求してくる年金事務所の担当者に対し、「規則としてはその通りにすべきなんでしょうけど、それをやって誰が得するんですか?」と問い詰めたそうです。

その担当者は「おっしゃる通りです。実質的には事務手続きが増えるだけで、まったく意味がないのです。しかし、私の立場としてはお願いするしかないんです……」と泣きついてきたそうです。

担当者も気の毒な気はしますが、私はこのような問題提起や目的に目を向ける問いかけは、決して無意味だとは思いません。その積み重ねが、相手の目的意識や問題意識を醸成しますし、思考停止かつ形骸化してしまっている組織にNOを突きつけることにもなります。

小さな「おかしい」の積み重ねが、やがて世の中を変える世論に発展することもあります。

たとえば2020年にCOVID-19の感染拡大で政府が最初の緊急事態宣言を出した後、東京などの大都市を中心に企業は一斉にテレワークに取り組みました。そのときに紙の印刷や押印、郵送などを伴う業務プロセスが問題視されました。
「総務部門や経理部門は、紙の書類や伝票を処理するためにテレワークできない」
「請求書を出力して押印して郵送するためだけに、出社しなければならない。なんとかしてほしい」

このような声が全国各地であがりました。それがやがて大きなうねりとなり、社会問題に発展。ついには政府が主導し、押印廃止の動きにつながりました。最初は一人ひとりの小さな不平、不満の声でも、世論に発展し、世の中の制度やルールが変わることもあるのです。声をあげましょう。

解決策

Wake up desire! ～人間らしさにもっと素直に！ もっと本気で！

思うに、私たちはそろそろ人間らしさに素直になってよいと思うのです。

この数十年間、日本のＧＤＰも経済成長率も生産性も右肩下がりまたは低迷状態。働き甲斐やエンゲージメントのスコアも低位安定。古い考えの人たちが主張する、これまでの社会構造や慣習を続ける／続けさせる説得力がまるでない。

「今までの延長線上に発展はない」

そう言い切ってしまってよいと思います。と同時に、今までの社会構造や組織カルチャーがもたらしてきた、人間にとって理不尽な奇習や奇行から解き放たれるチャンスのときではないでしょうか。

「われら村人たちを苦しめてきた奇習や奇行から解き放たれるのじゃ！」

ウェルビーイング（Well-being）という言葉が国際社会でも注目を集めています。ＷＨＯ（世界保健機関）が提唱しはじめた概念で、人間の多面的な幸福を意味します。

厚生労働省は「個人の権利や自己実現が保障され、身体的、精神的、社会的に良好な状

ガマンはやめて、もっと人間らしく

態にあることを意味する概念」と意味づけしており、世界はもちろん、日本でもウェルビーイングの実現を掲げる企業が増えつつあります。

ウェルビーイングは、**「そろそろ人間らしさに素直になっちゃいなよ！」**と世の中に言ってくれているととらえてもよいでしょう。

とかくこれまでの日本社会の考え方は「皆で我慢する」「自己を抑え皆で仲良く苦しむ」にいきがちですが、そのやり方を続けていて今の低位安定状態になってしまったわけで、ウェルビーイングの潮流に乗じて、積年の理不尽にＮＯを突きつけましょう。

「毎日の出社は、体力的にも時間の面でもつらいです。テレワークを許可してください」

「時間削減、コスト削減ばかりでは、新たな発想も生まれません。昼寝や散歩をしたほうが、私は集中力も生産性も高まり良いアイディアが降ってきます。勤務場所や休憩時間の条件の自由度を高めてもらえないですか？」

「マイクロマネジメントされると、かえって気が散ります。やめてもらっていいですか？」

「管理・間接業務が多すぎてかつ煩雑すぎて、本来業務に集中できません」

「時間ができたら、次から次に目先の仕事を振ってくるの、勘弁してください。余白の時間を使って新しいテーマの研究や学習をしたいですし、会社としても学習に投資してください」

「対面の良さも理解しています。しかし、そのための準備や移動の時間や、ラッシュの混雑のリスクと損失など犠牲が多すぎます。自分自身や家族の時間も大切にしたいです」

「正直ルールやマネジメントが窮屈すぎて、イノベーティブな人がこの会社で活躍できる気がしません」


このくらい言ってしまってよいです。言っちゃいましょう。

私の好きな曲の歌詞に、"Wake up desire!"というフレーズがあります（世代がバレますね。苦笑）。そうです。私たちは、自分たちのdesireすなわち**欲望や欲求にもっと素直になってよい**と思います。

長年の理不尽から解放される。
人間らしさを取り戻す。

ＩＴ技術はそれを可能にしますし、既にあるＩＴ技術でもう解決できる不便や理不尽はたくさんあります。ＩＴ技術を使わなくたって、今までのこだわりや慣習を捨てるだけで、十分人間らしい時間や空間や環境を取り戻すことはできます。要はやるか／やらないか、やめるか／やめないかだけなのです。

人間らしさに素直になる。**これこそまさに、マーケティング力の向上にもつながり、デザイン思考による課題解決や未来創造のための基本行動でもある**と思うのです。

Wake up desire!

解決策

「これ意味あるの?」「やめましょう!」を言いまくる

明らかに形骸化している、もはややる意味がないと思われる仕事や慣習は、「これ意味あるの?」「やめましょう!」の声をあげていきましょう。

世の中のCOVID-19の対策の数々を見ていても、その瞬間においては意味があったのかもしれませんが、もはや形だけ、惰性で続けているだけのものもたくさんあります。

目的を問うて、やめられることはやめていかないと、慣習的なものごとで私たちはどんどん窮屈になり疲弊します。

仕事においても、やめることを決めて余白を創っていかないと、下請け仕事、受け身な仕事であふれて思考能力も主体的に行動する機会も奪われていきます。いかなる組織も、

①思考するための余白を生む
②思考するテーマを設定する

③思考するためのトレーニングをする

このサイクルを回しはじめないと、いつまでたっても思考する組織に進化できません。手始めに、そうですね……毎週行われている定例会議を一つやめてみませんか。オンラインにして移動や資料の印刷配布をやめてみるでもよいかもしれないですし、開催頻度を隔週にしてみるでもよいかもしれません。それだけで週1～2時間の余白が生まれます。（ただし、浮いた余白を目先の仕事で埋めてしまわないように！　浮いた時間に対して、目先の仕事を押しつけてくる人たちにはきっぱりダメ出しを！）

解決策

下請け仕事は受けない、やらない

下請け仕事はやらない。相手を下請け扱い、業者扱いしてくる人や会社とはつきあわない。自分（たち）でハンドルを握り、主体的に仕事をするためにはそのくらいの覚悟と行動も求められます。

私は零細事業主でありながら基本的にエンドユーザーの顧客直のビジネスしか受けないですし、コンペにも参画しない主義です。なぜなら、**中間会社が入るとまどろっこしいから**です。

中間会社とミーティングして、その後に中間会社とエンド顧客を入れたミーティングをしてなどやっていたら、それこそ無駄なコミュニケーションコストばかりかかって仕方がありません。都度のスケジュール調整もお互いにとって無駄な時間とストレスです。

エンド顧客の追加要求を、そのままメッセンジャーのように押しつけてくる中間会社もあります。**中にはエンド顧客が要求していないのに、中間会社の担当者の勝手な忖度で過剰な要求をアドオンしてくることもある**から油断ならない。

実際にエンド顧客と対話をして確認すると、追加要求を快く取り下げてくれたり、追加要求は単なる中間会社による思惑だったことが判明することも。こういうことがあるから、私は基本的にエンドユーザー直の仕事しか受けていません。

例外的に中間会社を挟んだ仕事（講演など）をする場合においても、エンド顧客を入れたグループチャットなどを作ってもらい、日程調整や企画をなるべくエンド顧客とも直でやれるようお願いしています。また、中間会社からの要求に対して「**それはエンド顧客の意思ですか？　それとも、あなたたちの意思ですか？**」としつこく確認してものごとを進めています。

自分たちでハンドルを握れない状況はストレスであり、無駄なコストや機会損失を生みます。

解決策

モンスターの言いなりにならない

相手が顧客であれ、階層が上の組織であれ、一方的かつ理不尽な振る舞いをする人たちには毅然とモノイイする。

よくよく考えてみれば、顧客にもビジネスパートナーにも協力者にもファンにもならない人たちに丁寧につきあう義理などありません。そのような人たちとコミュニケーションをすること自体が、時間の無駄、労力の無駄です。

私がかつて関わったある中小企業の話。自社を下請け扱いし、乱暴なメールで強気な要求を繰り返す横柄な顧客の担当者がいました。その担当者に対し、営業部長はガツンとメールでこう言い放ちました。

「会社対会社としての物言いや振る舞いをお願いします」

不快なことは不快と言う。相手が顧客であれ上長であれ、理不尽な物事には理不尽と言いましょう。「お客様は神様です」。そのカルチャーは、モンスターカスタマー、モンスター上司、モンスター株主などを助長します。ビジネスですからドライにいきましょう。

「炎上」やバッシングについても、スルーするくらいの強い意志と胆力も大事です。下手に相手をするから、モンスタークレーマーがつけあがるのです。

クレーマーの多くは、自分の正しさを主張したい、相手を言い負かすことが目的ですから、つきあうだけ時間の無駄です。その時間や労力を、理解者、協力者、ファンになってくれる人たちに費やし、応援の声を高めていくほうがヘルシーかつ組織を前向きに発展させます。

「アンチには厳しく（または放置で）、ファンには優しく」

解決策

抵抗勢力を意思決定に参画させる

新しいやり方に反発する組織、抵抗する人たちは、いっそのこと意思決定に巻き込んでしまいましょう。

上下関係や、対立構造にしてしまうから衝突が発生しやすく、かつ相手の態度も「殿様」「お客様」になってしまう面は大きいです。また、自分たちの意思が反映されないから、拗ねて駄々をこねている子どもじみた人たちも存在します。

だったら意思決定の輪に加えてしまう。仲間にしてしまう。

相手が顧客であれば、開発プロセスに参画してもらったり、モニターとしてマーケティングに参画してもらうのもありでしょう。行政においても、行政担当者がファシリテーターとなり、住民や地域内外の企業や専門家と一緒に地域の課題解決を目指す越境型、プロジェクト型の取り組みも徐々に増えてきました（こういう取り組みをするため余白を生むためにも、行政担当者は事務作業から解放されるべきなのです！）。

誰かの独断で物事を決めるのではなく、一緒に意思決定する。**一緒に悩んで、一緒に解決策を考える。その過程で、相手に当事者意識も芽生えます。**世の中には正しく期待されれば、正しい方向に知恵や能力を発揮してくれる人もたくさんいます。エンパワーメント（権限移譲）とは、そういうことではないでしょうか。

とはいえ、いきなりは思考できない、意思決定できない人もいるでしょう。当然です。製造業型、統制型（ピラミッド型）の組織や、下請け構造、多重請負構造の世界で長い期間働いてきた人ほど、主体的に問いを立てたり、意思決定をしてきた経験がないからです。

①意思決定の場に参画させる（エンパワーする）
②小さな意思決定の筋トレをする

ディスカッションに巻き込んで一緒に考える

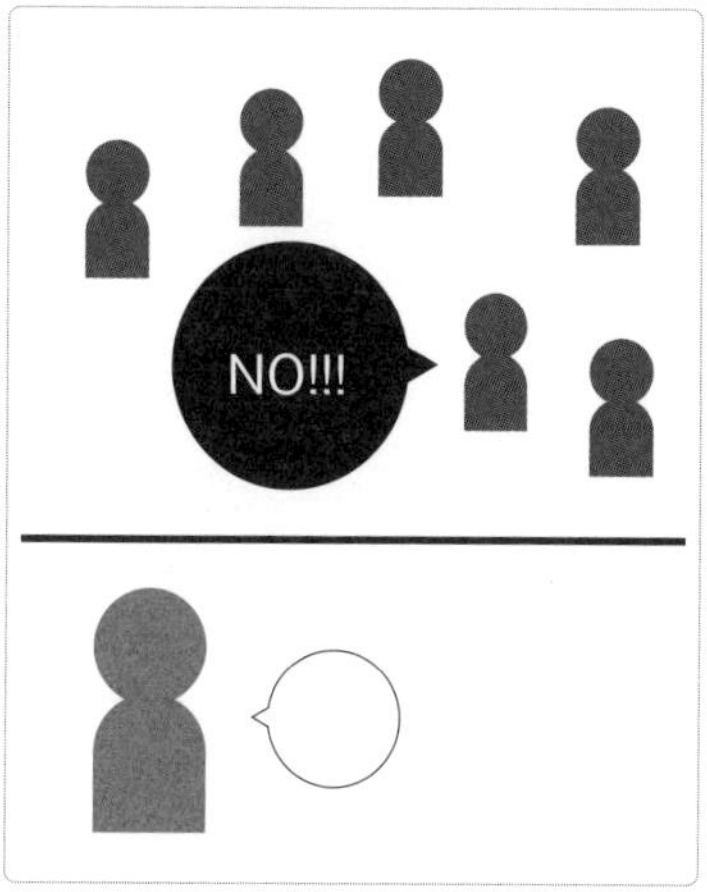

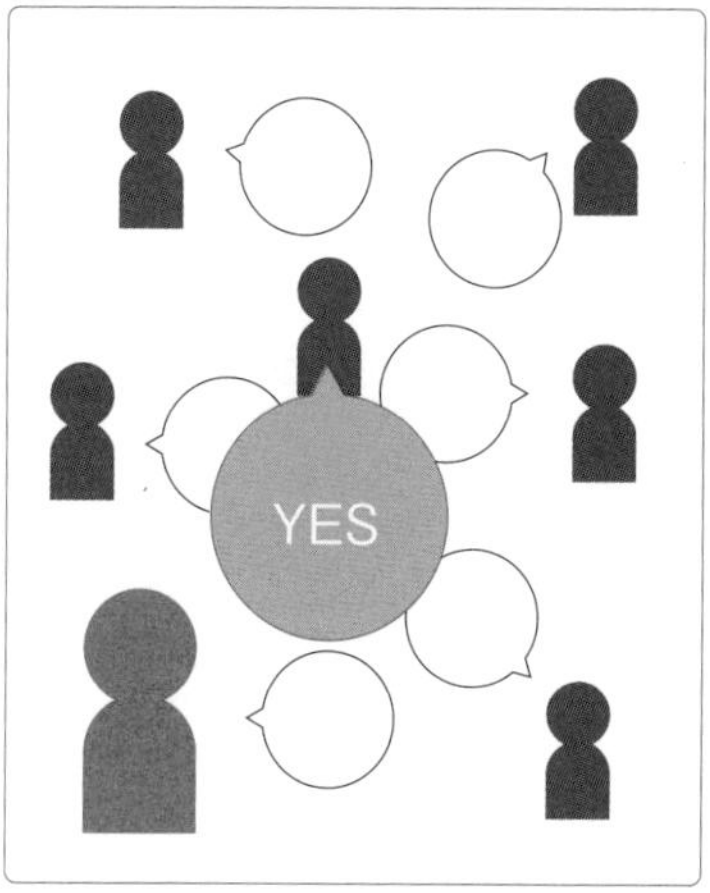

③リスキリングする（主体的に思考し、意思決定し、行動するために足りない能力を補う）

④失敗を許容する。チャレンジをプラス評価する

⑤あたりまえを評価する（チャレンジばかりが評価されると、それはそれで普段目立たないかつ価値あるルーチンワークをしている人たちとの温度差が無駄に広がる）

この5つを小さなところから始めていきましょう。

このサイクルをスピーディーに回し、自分たちで意思決定をして、自分たちで何かを成し遂げる手ごたえや成長体験を増やしていく。そこから、思考する習慣、主体的に行動する組織文化が芽生えます。

世の中には、文句ばかり言うくせに権限を与えられると日和《ひよ》って、たちまちおとなしくなる人たちもいます。

そういう人たちは放置でよいかもしれません。**相手の本気度を確かめるためにも、権限を与えてみたり、意思決定に参画させる。**ただし、足りないスキルや経験は組織でもって支援して補う。試してみる価値ありです。

ひょっとしたら、エンパワーメントこそが抵抗勢力に対する最大の攻撃かもしれません。

解決策

失敗を笑い飛ばす

『しくじり先生』というテレビ番組が人気を博しました。著名人が過去の失敗談を赤裸々に語り、視聴者に**「次に成功する」ための学び**を提供する番組です。

失敗を客観化する。そこから学ぶ。私は、これまでの生真面目一辺倒な日本社会に最も足りていないカルチャーの一つだと思います。

失敗をした。その瞬間は激しく落ち込むかもしれません。思い切り落ち込んでもよいと思います。うまくいかなければ、落ち込むさにんげんだもの。

そうして、一段落したらその失敗をエピソードとして客観化してみる。あるいは笑い飛ばしてみる。そんなポジティブな行動も増やしていきたいものです。

うまくいかなかった。それを、組織の仲間と一緒に笑い飛ばすくらいのカルチャーも作っていきたいですね。

前項でお話しした抵抗勢力の行動パターンと同じで、組織の失敗体験についても第三者的な立場の人を作ってしまうから、「それみたことか」と涼しい顔で批判されたり、「誰が責任取るんだ」と糾弾する評論家を生んでしまうのです。肩を並べて一緒に笑い飛ばしましょう。

組織開発・人材開発の研究者であり実践者であり、私の心の友でもある伊達洋駆《だてようく》さんは「うまくいかない、だから楽しい」とおっしゃっていました。この言葉は私は至言だと思います。うまくいかなかった。そのことを楽しむ。そこから学びを得る。それは、いわゆる知識経営（ナレッジマネジメント）の本質でもあります。

解決策

それでも変わらない、学ぼうとしない人には厳しい処遇を

あなたが人事担当者や組織開発担当者であれば、意思決定層を含むメンバーのアンラーニングとリスキリングに投資をしてください（もちろん、人事部門自身のアンラーニングとリスキリングもお忘れなく！）。

前述の通り日本は解雇規制が強く、不適格と思われる人たちであってもレイオフしにくい。それが人材の流動化を妨げたり、不活性な人たちや変化に抵抗する人たちを助長している面も否めません（それどころか、その負債がものすごく大きい）。

レイオフできないなら、今いる人たちに変わってもらうしか方法はないです。ゆえに、

アンラーニングとリスキリングが急務。私はそうとらえています。

そこまでしても改善余地がない人は、

・一時金を積んで辞めていただく
・部下ナシ（他人に悪影響を及ぼしにくい）の職位で、スペシャリストとして活躍願う

このくらいの厳しい処遇も致し方ないのではないでしょうか。

不活性な人たちを、管理・間接部門に集める発想もそろそろ捨ててください。前項で力説した通り、管理・間接業務は組織全体の行動を左右します。管理・間接部門こそ、若手や意欲的な人材を積極的に登用して権限委譲し、抜本的な業務廃止やスリム化、ＩＴ化を進めていくべきです。雇用を管理・間接業務で守る発想からの脱却を。

よほどの身体的または精神的な事情がある人は別として、**会社がそこまでしても変わる見込みがない／変化に抵抗する人たちは、「改善見込みなし」の判断を下すしかないでしょう**（改革肌の社労士、弁護士を味方につけて厳しい処遇を）。

これまでの日本社会は、変わらない人に甘すぎました。平均点レベルに合わせたルールでもって、活躍できる人を窮屈にして無力化してきました。それが、この国全体の停滞と衰退をもたらしているのです。

「あなたたちが変わるための手段と武器を会社は提供します。それでも変わらないのなら、または変わる気がなければ、会社はあなたたちを冷遇します。あしからず」

解決策

期待の一言をかける

ここまで、変わらない人、変化に抵抗する人たちに厳しめな意見を連ねてきました。ここからはポジティブにいきましょう。意固地な意思決定層やベテラン。彼ら／彼女たちに、期待の言葉を積極的にかけていくのも大事ではないでしょうか。

たとえば、定年カウントダウンで明らかに守りに入ってしまっている役職者やベテラン社員に対し、こんな言葉をかけてみてはいかがでしょう?

「未来の世代のためにひと肌脱いでくださいよ!」

この一言で、心に火が灯り、改革肌に転じた役職定年間際の部長を私は何人も知っています。

守りに入ってしまう。新しいことを学ぼうとしない。本人のマインドセットも問題ですが、社会の制度がそう仕向けてしまっている部分もあるわけで、ある意味で彼ら/彼女たちも社会の被害者なのです。そして、もはや誰からも期待されない。その状況が、本人たちを意固地または無気力にしてしまっている部分も大なりではないでしょうか。

対ベテランだけではありません。

お堅い企業や業界団体に対しても、官公庁や行政に対しても、ムラ社会な地域に対しても、いずれも同じです。期待の言葉をかける。ともに同じ星を目指そうと肩を組む。そんな言語化と発信も増やしていきたいものです。

解決策

最後は「変わってくれてありがとう」で握手！

そうして変わってくれた、合わせてくれた相手に対しては、**感謝の気持ちをもって接していきたい**ものです。

話はそれますが、私が30代前半の頃。転職で入社したＮＴＴデータで、あるとき部長の意向に従いしぶしぶ自分の仕事のやり方を変えたことがありました。そのときの部長の一言が、私は今でも心に残っています。

「ポリシーを曲げてくれてありがとう！」

この言葉に私は救われました。

そう。私は自分なりのポリシーを持って仕事をし、部長陣にも意見をしていたのです。それを部長は認めてくれた。

ポリシーを持って仕事をしていると言ってくれた。

すごく誇らしく、そして嬉しい気持ちになりました。

そこから部長と二人三脚で、次から次に新しい仕事を進めていったのは良い思い出であり、良い経験です。

「変わってくれてありがとう」

この一言を大切に、未来に向かってともに進化していきましょう。

おわりに 思考停止のススメ

ここまで日本の組織や地域に巣食う思考停止の数々を見てきました。最後に矛盾する投げかけをして締めくくります。

思考停止をしよう。

私たちはときに、思考に没入するあまり今までの枠組みから離れてものごとを考えることができなくなったり、旧来の慣習や組織的なしがらみから抜け出せなくなります。たとえば、目先の仕事の効率を上げることばかり考え、その仕事をなくす発想に思いが至らない。過去のしがらみから自由になれない。だからこそ、ときには、

思い切って思考停止してみる。既存の枠組みや慣習から解き放たれる。

そのために、普段とは異なる人たちと対話をしてみたり、いつもと違う立場を体験してみる。仕事をする相手や場所を変えてみる。思い切り、リフレッシュしてみる。

景色を変え、思考を止めてみませんか。

私たちはIT技術の革新により、テレワークのような新しいワークスタイルの実現により、いつでもどこでも他者や情報とつながることができるようになりました。その自由を手にした一方で情報過多に陥り、常に頭が忙しく、心が騒がしくなりすぎてしまったのではないでしょうか。未来を考える余裕がなくなりました。

今、私たちに必要なのは、目先の思考をいったん止める勇気と習慣です。日常の連続した喧騒から解き放たれ、静寂に頭と心を浸し、そして不連続な思考の喧騒に身を置きましょう。

私たちはカオスな時代を泳いでいかなくてはなりません。
せめて楽しく泳ぎましょう。

カオスな状態を楽しむことができるのは、未来に向かって思考できる人、行動できる人の特権です。

どうせ、過去の延長線上に明るい未来はありません。

良質な思考停止をしよう。
頭と心に余白を創ろう。
窮屈なあたりまえを疑い、新たな思考と行動を繰り返そう。

私たち一人ひとりが、それぞれの半径5ｍ以内から、思考のハンドルを握り締めて。

2023年新春　大島ダム（愛知県新城市）の湖岸にて、思考を休めながら

沢渡あまね

沢渡あまね（さわたり・あまね）

❑ ワークスタイル＆組織開発専門家。『組織変革Lab』主宰。あまねキャリア株式会社CEO、浜松ワークスタイルLab取締役、株式会社NOKIOO顧問、大手企業人事部門顧問ほか。DX白書2023有識者委員。

❑ 日産自動車、NTTデータなど（情報システム・広報・ネットワークソリューション事業部門などを経験）を経て現職。400以上の企業・自治体・官公庁で、働き方改革、組織変革、マネジメント変革の支援・講演および執筆・メディア出演を行う。

❑ 主な著書に、『話が進む仕切り方』『新時代を生き抜く越境思考』『バリューサイクル・マネジメント』『どこでも成果を出す技術』『職場の問題地図』『マネージャーの問題地図』『業務デザインの発想法』『仕事ごっこ』（技術評論社）、『チームの生産性をあげる。』（ダイヤモンド社）、『働く人改革』（インプレス）などがある。趣味はダムめぐり。#ダム際ワーキング 推進者。

Twitter　@amane_sawatari
会社公式HP　https://www.amane-career.com/
あまねマネジメントクラブ　https://lounge.dmm.com/detail/3624

うちの職場がムリすぎる。

2023年3月19日　第1刷発行

著　者――――沢渡 あまね
装　画――――millitsuka
装　丁――――西垂水 敦（krran）
本　文――――荒井 雅美（トモエキコウ）
発行者――――徳留 慶太郎
発行所――――株式会社すばる舎
東京都豊島区東池袋3-9-7 東池袋織本ビル　〒170-0013
TEL 03-3981-8651（代表）　03-3981-0767（営業部）
FAX 03-3981-8638
https://www.subarusya.jp/
Subarusya
印　刷――――シナノパブリッシング

落丁・乱丁本はお取り替えいたします

ISBN978-4-7991-1121-5